Comment lire avec les oreilles

Laurent Cohen

Comment lire avec les oreilles

Et 40 autres histoires sur le cerveau de l'homme

Odile Jacob

15, rue Soufflot, 75005 Paris

www.odilejacob.fr

ISBN : 978-2-7381-3614-5

Pour Caroline, Sarah, Élisabeth, Jade et Raphaël.

Avant-propos

Affichez l'image de *La Joconde* sur l'écran de votre ordinateur et regardez-la à la loupe. Vous verrez un assemblage incompréhensible de points de couleur, rangés les uns à côté des autres. Ce n'est qu'en retirant la loupe et en prenant un peu de recul que vous verrez se dessiner la figure de Mona Lisa.

Le livre que vous avez entre les mains voudrait vous aider à prendre ce recul, et à comprendre quelque chose dans les foisonnantes sciences du cerveau. Il est composé de quelques dizaines de courts chapitres, dont chacun se suffit à lui-même et peut être lu seul, mais qui, mis bout à bout, dessinent les grandes lignes de ce que les neurosciences cognitives révèlent du fonctionnement de notre esprit et de sa machinerie cérébrale.

Chacun de ces chapitres cherche à ouvrir la boîte noire cérébrale qui se trouve derrière nos expériences les plus quotidiennes : comment notre cerveau perçoit les couleurs et les ombres, pourquoi certains ont une grosse bosse des maths et d'autres une toute petite, pourquoi faire quelque chose plutôt que rien, comment choyer sa mémoire en préparant des examens, est-ce qu'il faut faire confiance aux banquiers, et bien d'autres questions.

C'est aussi le livre d'un neurologue, d'un médecin, et nous verrons souvent comment les patients souffrant de lésions cérébrales peuvent éclairer le fonctionnement du cerveau bien portant : peut-on oublier de respirer ? Pourquoi le cerveau est-il responsable des acouphènes, ces insupportables bourdonnements d'oreilles ? Comment un accident cérébral peut-il vous faire croire qu'il y a 10 œufs dans une douzaine ? etc. Cela sans parler des progrès plus directement utiles, dans le domaine de la médecine et de l'éducation, irrigués par les découvertes fondamentales des neurosciences – par exemple, aux deux âges extrêmes de la vie, diagnostiquer le plus tôt possible les troubles des apprentissages chez les enfants ou les maladies neurodégénératives au cours du vieillissement, et intervenir quand il en est encore temps.

Mais, pour commencer votre lecture, oubliez un instant cet enthousiasme béat, et voyons quelques consignes de prudence intellectuelle : méfiez-vous du livre que vous avez entre les mains !

OUVERTURE

Méfiez-vous du livre que vous avez entre les mains !

Promenez-vous sur Internet, feuilletez les revues dans le kiosque à journaux d'une gare, regardez-vous dans une glace (vous qui avez acheté ce livre) : Il y a du neuroappétit dans l'air. Un clic dans votre moteur de recherche favori et voici « Le cerveau, il n'y a pas que la taille qui compte ! », « Arrêter le sport abîme le cerveau », « Ce que la surconnexion fait à notre cerveau », « Pollution, le cerveau endommagé ». Le cerveau est ces temps-ci le support où projeter nos questions existentielles, anecdotiques, les questions à la mode, les questions éternelles. « C'est bon pour mon cerveau » serait-il une façon timide et moderne de demander « c'est bon pour moi » ? Et, bien sûr, ces questions créent un appel d'air irrésistible où s'engouffrent pêle-mêle les informations justes ou fausses, claires ou confuses, pires que fausses et presque justes, les vérités mal expliquées et les sottises les mieux vendues.

Dans le public, un appétit de savoir, mais aussi du côté des scientifiques l'envie de se faire voir. Quel soulagement (*publish or perish !*) pour un rat ou une souris de laboratoire de publier ses recherches dans une revue scientifique bien cotée. Quel plaisir aussi pour le rat ou la souris de trouver son nom, son œuvre, parfois son visage, dans les pages d'un quotidien ou dans le dossier d'un hebdomadaire ! Que va-t-il sortir de la rencontre médiatique de ceux qui veulent convaincre et de ceux qui voudraient savoir ? Des émissions, des films, des articles, des livres (comme celui-ci), qui essaient de mettre le cerveau dans votre assiette, plus ou moins bien cuisiné. Comment donc faire le tri entre le bon et le moins bon dans le foisonnement de la vulgarisation des sciences du cerveau ? En conservant au moins une pincée de soupçon devant les belles images colorées de cerveaux scintillants qui guettent le lecteur curieux : les premiers chapitres vont vous montrer quelques exemples de choses qui ont l'air vraies et ne le sont pas tout à fait, de questions fascinantes mais peut-être mal posées. Bref, de quoi vous inciter à vous méfier de ce que ce livre vous racontera sur votre cher cerveau.

CHAPITRE 1

Le cerveau ne fait pas le moine

Il ne se passe pas de mois sans que les magazines et les émissions de télévision nous promettent de nous révéler les « mystères du cerveau ». Cette promesse est toujours assortie de belles images représentant des têtes et des cerveaux translucides, aux couleurs vives, parcourus d'éclairs ou de fibres bariolées. Mais est-ce que ces images ne seraient pas (parfois) un miroir aux alouettes, un appât pour nous faire gober des articles indigents et une vulgarisation fumeuse ?

Bonne question, mais avant d'en venir aux images, permettez-moi de dire que la vulgarisation des neurosciences se trouve face à un problème bien difficile à contourner. D'un côté, nous comprenons chaque jour un peu mieux le fonctionnement du cerveau, et ces progrès soulèvent de plus en plus de questions morales, légales, politiques : peut-on utiliser l'imagerie cérébrale comme un détecteur de mensonges devant une cour d'assises ? Doit-on considérer comme responsables des criminels psychopathes dont on connaît les anomalies du fonctionnement cérébral ? Comment dépister et prendre en charge les troubles du développement, de l'autisme à la dyslexie ? C'est bien de la responsabilité des scientifiques de communiquer d'une façon ou d'une autre ces progrès à la « société civile », société civile qui finance d'ailleurs la plupart de ces recherches avec ses impôts. Mais, d'un autre côté, il est très facile dans ce domaine de déraper vers une mauvaise information, de faire passer des messages simplistes et faux sur la lecture dans les pensées, les traitements miraculeux, ou les exercices permettant de muscler la mémoire.

Et je suppose que les images du cerveau jouent un rôle important dans la qualité de cette communication des neurosciences au public ?

En réalité, le simple fait de l'accompagner d'une image du cerveau rend plus crédible n'importe quelle information neuroscientifique que vous voulez faire passer. Cet effet des images est d'ailleurs lui-même un objet d'étude scientifique. Ainsi, des chercheurs ont décrit à des sujets naïfs une étude de neurosciences inventée de toutes pièces et leur ont demandé de juger de la qualité du raisonnement scientifique[1]. Il s'agissait par exemple d'une pseudo-étude sur les rapports entre le fait de regarder la télévision et les capacités mathématiques. On a montré (racontait-on aux sujets de l'expérience), grâce à l'imagerie par résonance magnétique fonctionnelle, que le fait de regarder la télévision et le fait de résoudre des problèmes arithmétiques activent tous deux le lobe temporal de la même manière. On en a déduit (racontait-on toujours aux naïfs) que le fait de regarder la télévision améliore les compétences mathématiques. Évidemment, c'est un raisonnement absurde, mais le point important est que cette histoire était présentée accompagnée de l'une ou l'autre de deux illustrations. La première illustration était austère, avec deux simples barres en noir et blanc indiquant le degré d'activation du lobe temporal au cours du calcul et lors de la contemplation de la télévision. La seconde illustration montrait une magnifique image du cerveau en trois dimensions, dont le lobe temporal s'allumait de couleurs chaudes comme un feu de camp.

Et qu'est-ce que cela change, que ce soit l'une ou l'autre image ?

Les sujets ont tendance à trouver le raisonnement scientifique meilleur quand on leur présente l'image du cerveau que quand on leur présente les courbes statistiques, bien que l'information soit objectivement la même dans les deux figures. Il y a un effet de fascination, de persuasion, de réalité dès l'instant où une image du cerveau est montrée.

Je suppose que toutes les images ne se valent pas de ce point de vue, mais y en a-t-il de plus ou moins convaincantes ?

C'est exact, les images ne se valent pas toutes, et plusieurs facteurs pourraient jouer. Est-ce qu'une image compliquée est meilleure qu'une image simple ? Est-ce qu'une image ressemblant réellement à un vrai cerveau est meilleure qu'une image plus fantaisiste ? Est-ce que la qualité du rendu (couleurs, 3D) est importante ? Est-ce que l'utilisation d'images familières, c'est-à-dire souvent déjà vues par le public, est plus efficace ?

Et, donc, qu'est-ce qui fait une image convaincante ?

En fait, la qualité du rendu en 3D est le facteur le plus important[2]. Vous voyez cinq types d'images du cerveau qui permettent toutes de représenter le même genre d'information, mais qui jouent de plus en plus sur la qualité du 3D, depuis une représentation toute plate en bas jusqu'à l'image la plus en relief en haut (Figure 1). Or, avec la même technique que celle dont je vous parlais tout à l'heure, c'est-à-dire en demandant à des sujets naïfs d'évaluer une même découverte scientifique accompagnée de différents styles d'images, on a montré que plus l'image est en 3D, plus la qualité scientifique est jugée élevée.

Et pourquoi une représentation en trois dimensions rend-elle le message plus crédible ?

Parce qu'elle donne l'illusion de voir la réalité elle-même. Lorsque vous voyez une tache rouge sur une image de cerveau, vous vous dites : « Cette région du cerveau s'active, c'est vrai puisque je le vois, avec la même certitude que je vois le soleil se lever ou la télévision s'allumer. » Or cette interprétation

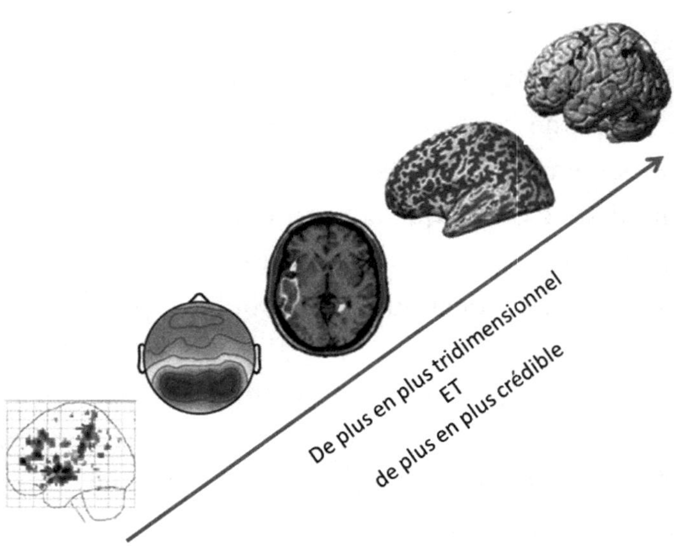

Figure 1. Plus une image produit une forte impression de 3D, plus le résultat scientifique qu'elle représente est jugé crédible.

spontanée est bien loin de la réalité. La tache rouge est le résultat d'analyses statistiques sophistiquées, avec des interventions et des choix importants faits par les scientifiques qui ont produit cette image. Mais le lecteur ne perçoit rien de tout cela. Il croit qu'il voit la vérité vraie, alors qu'avec des images non figuratives, symboliques, comme des courbes statistiques, il se rend bien compte qu'il y a toute une « cuisine » (sans offense !) entre la réalité et ce qu'on lui montre, ce qui le rend naturellement plus dubitatif.

L'image convainc donc parce qu'elle donne une sensation trompeuse de réalité. En outre, elle présente l'information sous une forme plus facile à saisir qu'un graphique. Est-ce qu'une information n'est pas d'autant plus convaincante qu'elle demande moins d'effort pour être comprise ?

C'est exact, et cette préférence pour le moindre effort a elle-même donné lieu à des recherches. On a proposé à des sujets des affirmations dont ils devaient décider si elles étaient vraies ou fausses[3]. C'étaient en l'occurrence des décisions particulièrement difficiles. Par exemple : « La ville d'Osorno se trouve au Chili. » Sauf si vous êtes un expert en géographie sud-américaine, vous allez répondre au hasard. Le point important est que ces affirmations pouvaient être affichées soit sous une forme très lisible soit sous une forme difficile à lire (Figure 2). Or, lorsque l'affirmation est très facile à lire, les sujets ont tendance à la juger plus vraie que lorsqu'elle est peu lisible. Autrement dit, quand une information se présente sous une forme facile à saisir, nous avons tendance à la croire plus volontiers que si elle demande plus d'effort.

Moralité, comme l'écrivait Virgile, méfions-nous des neurologues quand ils nous montrent de belles images. Voilà un conseil prudent. Mais je suppose que la tromperie scientifique existait déjà bien avant le temps de l'IRM et des images de cerveau translucide en couleurs et en stéréo ?

Naturellement. Je vais d'ailleurs vous raconter l'histoire d'un certain Hans, personnage remarquable dont les enseignements sont encore d'actualité, bien qu'il ait vécu il y a plus d'un siècle…

La ville d'Osorno est au Chili

La ville d'Osorno est au Chili

Figure 2. On juge plus crédible une affirmation si elle est facile à percevoir (en haut) que si sa perception demande un effort (en bas).

CHAPITRE 2

Hans le cheval malin

Vous allez donc nous parler des extraordinaires capacités mentales d'un certain Hans, et des relations de Hans avec la recherche pharmaceutique. Qui donc était Hans ?

Il faut vous dire que Hans était un cheval. Il appartenait à un certain Wilhelm von Osten, hobereau et professeur de collège à la retraite, en Allemagne, à la fin du XIXe siècle (Figure 3). Un jour, le maître du cheval, non content d'éduquer les petits enfants, a entrepris d'apprendre à compter à son cheval. Et le cheval s'est révélé être un excellent élève. On raconte que Herr von Osten est passé pour un vieux fou dans le voisinage : il s'installait tous les matins pour faire la classe à son cheval, en blouse grise, avec un tableau noir et un grand boulier, le plus sérieusement du monde.

Comment pouvait-il communiquer avec son cheval qui, je suppose, ne parlait pas ?

Son maître lui a appris à s'exprimer en frappant ou en grattant le sol avec son sabot, ou en secouant la tête de haut en bas et de droite à gauche. Il lui a aussi appris des mots allemands, et même à comprendre des questions assez compliquées. Il a même enseigné au cheval à épeler en choisissant des lettres sur un tableau. Bref, les capacités de Hans semblaient sans limites.

Le moins qu'on puisse dire est que c'est bien curieux. Mais comment se fait-il que ce cheval, qui apparaît somme toute comme un phénomène de foire, soit devenu assez célèbre pour que vous nous en parliez plus d'un siècle plus tard ?

Quand il a jugé que son cheval était suffisamment instruit, Herr von Osten a commencé à se produire en public dans toute l'Allemagne, et il a rencontré un succès extraordinaire. Sa réputation ne s'est pas arrêtée aux frontières de l'Allemagne. L'envoyé spécial du *New York Times* à Berlin raconte des séances mémorables où le cheval a répondu à des questions difficiles, en présence du ministre prussien de l'Éducation,

Figure 3. Hans le cheval malin, avec son maître Herr Wilhelm von Osten *(D.R.)*.

du duc de Saxe-Cobourg-Gotha, d'éminents zoologistes, et, semblerait-il, du kaiser Guillaume II lui-même !

Quel genre de questions posait-on à Hans ?

Hans pouvait par exemple donner la date du jour, en tapant une fois pour lundi, deux pour mardi, etc. Il pouvait aussi additionner 5 et 4, lire l'heure sur une montre, écrire le nom d'une personne qu'on lui avait présentée la veille. En fait, ses capacités avaient l'air d'être sans limite ou, en tout cas, d'être aussi étendues que celles d'un être humain.

Et le public avalait cela sans être effleuré par le doute ?

Bien sûr que non. Beaucoup pensaient qu'il y avait un truc, que le maître faisait de petits signes au cheval, d'une manière ou d'une autre, pour lui indiquer comment répondre. Pour tirer les choses au clair, une commission d'enquête fut constituée, comprenant notamment un très éminent psychologue, le docteur Carl Stumpf (1848-1936). Naturellement, la première chose à faire pour tester l'hypothèse d'une communication discrète entre von Osten et le cheval, c'était d'interroger le cheval en l'absence de son maître.

Je suppose qu'à ce moment-là le cheval ne devait plus pouvoir répondre à aucune question…

Erreur, vous supposez mal. Même en l'absence de son maître, Hans continuait à répondre correctement à un certain nombre de questions.

Et qu'a donc conclu la commission Stumpf ?

Elle a conclu que le cheval avait bien l'air de savoir calculer. Mais le docteur Carl Stumpf était un esprit supérieur. Il considéra que la question n'avait pas été suffisamment explorée, et il passa le relais à un de ses assistants, le docteur Oskar Pfungst (1874-1934). La commission Pfungst a donc succédé à la commission Stumpf. Elle a procédé de façon plus systématique et a finalement découvert le pot aux roses. En fait, pour que Hans puisse répondre aux questions, il fallait que deux conditions soient remplies en même temps. Premièrement, il fallait que la personne qui pose la question connaisse elle-même la réponse. Deuxièmement, il fallait que le cheval puisse voir son examinateur.

Il y avait donc bien des signaux qui passaient entre l'examinateur et le cheval ?

Bien sûr. Imaginez que vous disiez au cheval : « Compte jusqu'à 7. » Le cheval commence à taper avec son sabot. Quand il s'approche de 7, vous, l'examinateur, commencez à vous redresser légèrement, puis quand il arrive à 7, vous ouvrez les yeux un peu plus grands. Le cheval détecte ces petits signaux physiques et s'arrête de compter, non parce qu'il est arrivé à 7, mais parce qu'il a appris que quand vous faites ces petits mouvements, il faut s'arrêter pour recevoir une exquise carotte.

Finalement, il y avait donc bien une supercherie ?

Pas du tout. Pfungst a bien montré que beaucoup de ces gestes (se redresser, changer d'expression) sont tout à fait inconscients et involontaires de la part de l'examinateur. Herr von Osten, le maître de Hans le cheval malin, était de toute bonne foi !

Ainsi, ce que Hans avait appris, c'était à détecter de minuscules signaux inconscients émis par l'examinateur et lui indiquant comment répondre. Si nous sautons maintenant de 1900 au jour présent, que nous apprend l'histoire de Hans ?

Le cheval a laissé son nom à un effet très important en psychologie connu sous le nom de l'« effet Clever Hans » (« Hans le malin » en anglais). Il désigne l'influence qu'une personne peut avoir sur une autre à travers les messages qu'elle fait passer de façon inconsciente. C'est une influence à propos de laquelle il faut être très vigilant, justement parce qu'elle est inconsciente. Cela a par exemple un impact très important dans la recherche médicale. Imaginez un médecin qui aimerait tester un nouveau médicament de son invention. Il veut le comparer à un médicament plus ancien, pour savoir lequel des deux marche le mieux, l'ancien ou le nouveau. Il va donner un médicament à la moitié de ses patients et l'autre médicament à l'autre moitié des patients. Au bout d'un an, il va mesurer lequel des deux traitements a le mieux marché.

Mais attention à l'effet placebo !

Bien sûr. Il ne faut surtout pas que le médecin dise aux patients s'il leur donne l'ancien ou le nouveau traitement. En effet, sinon, il se pourrait que les patients qui reçoivent le nouveau traitement pensent : « Super, j'ai un nouveau traitement, ça va sûrement bien marcher ! », et que les autres se disent : « Misère, on m'a donné un vieux médicament, je n'ai aucune chance… » Du fait même de ces attentes différentes, on pourrait avoir un effet supérieur pour le médicament nouveau, qui donnerait au bout d'un an de meilleurs résultats, sans que cela informe réellement sur les qualités de la molécule. C'est ce qu'on appelle l'effet placebo. Il faut donc faire l'étude « en aveugle », c'est-à-dire sans que le patient sache quel produit il reçoit.

C'est clair. Mais que devient Hans notre cheval malin ?

J'y viens. Non seulement le patient ne doit pas savoir quel produit il reçoit, mais le médecin ne doit pas le savoir non plus. En effet, il se pourrait que le médecin n'envoie pas exactement les mêmes signaux aux patients selon le médicament qu'il leur donne. Par exemple, on pourrait imaginer que face à un patient qui reçoit le nouveau traitement, le médecin se dise dans son for intérieur : « Vous allez prendre mon nouveau médicament, j'espère bien que ça va bien marcher, que je pourrai faire une publication scientifique retentissante, voire gagner beaucoup d'argent… » Alors, sans le vouloir et sans s'en rendre compte, il va lui serrer la main un peu plus fort, lui sourire différemment, changer de ton de voix. Et ces indices auront un effet encourageant sur le patient. Il se dira : « Le médecin a l'air bien enthousiaste, il a l'air d'y croire, ça va sûrement marcher ! », et cela va renforcer l'effet placebo.

Je commence à comprendre le rapport avec Hans…

Dans mon exemple, le médecin fait passer involontairement un message qui exerce une influence sur le patient, tout comme

Herr von Osten faisait passer des messages involontaires à Hans, lui indiquant comment répondre.

Que faut-il donc faire dans la recherche pharmaceutique pour échapper à l'« effet cheval malin » ?

Il faut faire ce genre d'étude de médicaments non pas en simple mais en « double aveugle », sans que ni le patient ni le médecin sachent quel est le traitement reçu. Et cela, nous le devons un peu à Hans le cheval malin.

CHAPITRE 3

Les hommes, les femmes et les marronniers

Un livre de neurosciences qui se respecte ne saurait échapper à LA grande question, celle qui revient tous les automnes, parmi d'autres marronniers, à la première page des magazines : « Les hommes et les femmes ont-ils le même cerveau ? » Si vous tapez dans votre moteur de recherche favori les mots « différence cerveau hommes/femmes », vous trouverez parmi les toutes premières réponses aussi bien « La différence entre l'homme et la femme : une réalité indéniable » que « Les hommes et les femmes ont le même cerveau ». Quelle est la vérité ?

Ma réponse personnelle et globale est que la machinerie cérébrale est quelque peu différente entre hommes et femmes, mais que les performances sont quasi identiques. Je préférerais parler un peu au second degré et profiter de cette question particulière pour évoquer des problèmes de méthode et d'interprétation qu'on rencontre avec ce style de questions. Concrètement, prenons l'exemple d'une étude parue en 2013 et qui a fait quelque bruit à l'époque[1]. En deux mots, les chercheurs ont fait des IRM du cerveau à près de 1 000 jeunes gens, moitié hommes et moitié femmes, âgés de 8 à 22 ans. En utilisant une technique qu'on appelle l'IRM « de diffusion », ils ont étudié la manière dont sont connectées entre elles les différentes parties du cerveau. L'IRM de diffusion est l'une des utilisations possibles de l'IRM cérébrale. Cette technique permet d'obtenir des informations sur la structure de la substance blanche, c'est-à-dire du câblage qui relie les unes aux autres les régions du cerveau.

Et qu'ont-ils trouvé ?

Ils ont trouvé que chez les femmes les connexions qui lient entre eux les deux hémisphères du cerveau sont plus développées que chez les hommes. Inversement, chez les hommes, les connexions qui relient entre elles les différentes régions d'un même hémisphère sont plus développées que chez les femmes (Figure 4). Ils ont aussi trouvé que ces différences entre sexes, quasi absentes dans l'enfance, se développent à l'adolescence, et sont surtout marquées à l'âge adulte.

Il s'agit donc d'une différence anatomique entre le cerveau des hommes et le cerveau des femmes. Vous disiez que lors de sa publication cet article avait provoqué du buzz dans les journaux et les blogs. Quelles réactions avez-vous relevées ?

Des réactions de toutes sortes, chacun voyant midi à sa porte. Premier exemple, sur un site socialement et politiquement réactionnaire et traditionaliste, il était écrit : « Une étude scientifique [...] ridiculise la théorie du genre. Il est maintenant prouvé qu'il existe des différences neuronales entre hommes et femmes, et que leurs compétences sont complémentaires. » Autrement

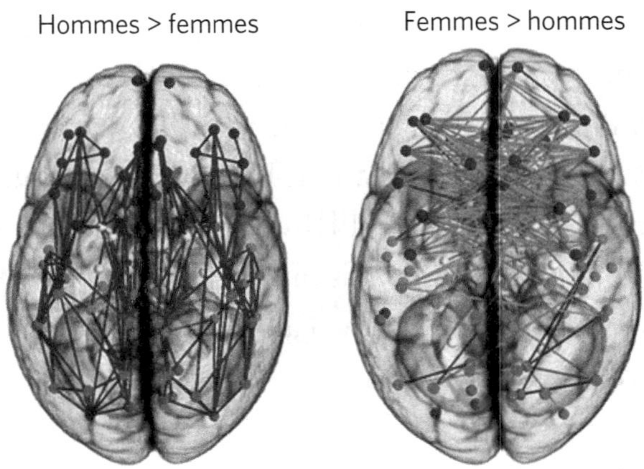

Figure 4. Les connexions entre les régions d'un même hémisphère (à gauche) seraient plus développées chez les hommes que chez les femmes, et inversement pour les connexions entre les hémisphères (à droite). © Ingalhalikar *et al.*, 2014.

dit, selon ce site, les différences de rôle social entre hommes et femmes sont en quelque sorte ancrées dans la nature même et par là justifiées. À l'autre extrême, j'ai entendu une chroniqueuse sur une radio de service public souligner que les différences entre hommes et femmes mises en évidence dans cette étude se développent progressivement entre l'enfance et l'âge adulte, démontrant ainsi, disait-elle, qu'elles sont le pur produit de l'éducation. Elle a conclu en citant Simone de Beauvoir : « On ne naît pas femme, on le devient. » Autrement dit, à l'exact opposé du blog précédent, elle s'appuyait sur cette étude pour conclure que les différences de rôle social entre hommes et femmes sont un fait entièrement culturel et arbitraire.

À votre présentation critique, on devine que vous n'êtes d'accord ni avec les uns ni avec les autres ?

En vérité, j'ai préféré un blog canadien qui titrait « Le cerveau des hommes et des femmes branché différemment (mais on s'en fout !) », dont le message était que ce genre de données doit être interprété de façon très prudente, et qu'il n'est pas légitime de les enrôler simplement dans la défense d'un parti pris idéologique.

Comment les auteurs de cette étude interprètent-ils eux-mêmes ces différences hommes-femmes ?

Ils les interprètent sans la prudence qui s'imposerait, ce qui est assez agaçant. Ils écrivent que ces différences anatomiques permettront de comprendre les énormes différences de compétences et la complémentarité intellectuelle entre hommes et femmes. Ils concluent même leur article en disant que les cerveaux masculins sont organisés pour mieux coordonner la perception et l'action, alors que les cerveaux féminins associent raisonnement logique et intuition, soit par d'antiques stéréotypes et des lieux communs éculés ! Ce faisant, ils poussent la presse et les autres médias de vulgarisation à prendre ces extrapolations au pied de la lettre par facilité, et à renforcer les vieux clichés : « De grands savants américains prouvent que les femmes sont intuitives et les hommes prédisposés à la lutte gréco-romaine… »

Vous tirez sur tout ce qui bouge, mais vous ne nous dites pas ce que vous en pensez vous-même. Par exemple, pourquoi ces différences anatomiques n'expliqueraient-elles pas les différences intellectuelles entre hommes et femmes, comme le prétendent les auteurs ?

Quelles différences ? Les hommes logiques contre les femmes intuitives ? En réalité, les différences intellectuelles liées au sexe, loin d'être énormes et évidentes, sont minimes et très difficiles à établir. Ce qui a l'air de tenir le coup, c'est un petit avantage des hommes dans les tâches qui demandent de faire tourner des objets en 3D dans son imagination. Inversement, il semble y avoir un petit avantage des femmes dans des tâches de langage, comme le fait de bien savoir lire. Mais même ces différences sont bien fragiles. Par exemple, dans une étude réalisée à l'université d'Aix-Marseille il y a quelques années, on montrait une figure géométrique un peu complexe à des sujets, en leur demandant de bien la mémoriser. Un peu plus tard, on leur demandait de la dessiner de mémoire[2].

Et qui a eu les meilleures performances, les hommes ou les femmes ?

Cela dépend ! Quand les chercheurs avaient annoncé qu'il s'agissait d'une épreuve de géométrie, les hommes étaient meilleurs. Inversement, lorsqu'ils avaient présenté leur test comme une épreuve de dessin, ce sont les femmes qui l'emportaient. C'est ce qu'on appelle un effet de stéréotype, les sujets des expériences se conformant inconsciemment aux images sociales convenues (« les hommes sont meilleurs en maths et les femmes dans le domaine artistique »). Vendre ses travaux en disant que les différences anatomiques expliquent les différences intellectuelles est abusif, puisqu'on ne sait même pas quelles sont ces différences intellectuelles...

Pour l'instant au moins, on ne peut donc pas dire que ces différences anatomiques dans le câblage cérébral correspondent à des différences intellectuelles bien définies entre hommes et femmes. Mais on peut très bien imaginer qu'un jour prochain on trouvera quelque chose de plus clair, une différence anatomique effectivement liée à une différence de compétences...

En effet, pourquoi pas ? Mais même dans ce cas, il ne faudra pas oublier une autre question, celle de l'œuf et de la poule. Ce n'est pas forcément À CAUSE de différences anatomiques innées qu'apparaissent des différences de compétence. Cela peut être le contraire. En effet, on sait que l'éducation peut modifier (un peu) l'anatomie cérébrale (voir *infra* le chapitre « Les taxis de Londres », p. 227). On a montré par exemple que lorsque vous apprenez à lire, les connexions anatomiques augmentent entre les régions visuelles du cerveau, qui servent à reconnaître les lettres, et les régions du langage, où ces lettres sont transformées en mots, en sons, en significations. Par conséquent, des différences anatomiques ne sont pas synonymes de fatalité biologique.

Pour terminer, laissez-moi prendre un peu de recul et vous poser une question qui pourrait s'appliquer non seulement aux différences entre hommes et femmes, mais de façon générale à toutes les différences entre deux groupes : les différences observées étant des différences de moyenne, quelles conclusions peut-on en tirer au niveau individuel ?

C'est un point extrêmement important. Prenons l'exemple de la taille du corps, plus dépassionné que celui de l'intelligence (Figure 5). En moyenne, les hippopotames sont plus gros que les souris : 1,5 tonne contre 20 grammes. Mais cette différence de moyenne ne suffit pas à résumer la situation. En plus de la différence moyenne, on peut affirmer que n'importe quel hippopotame est plus gros que n'importe quelle souris. Et cela

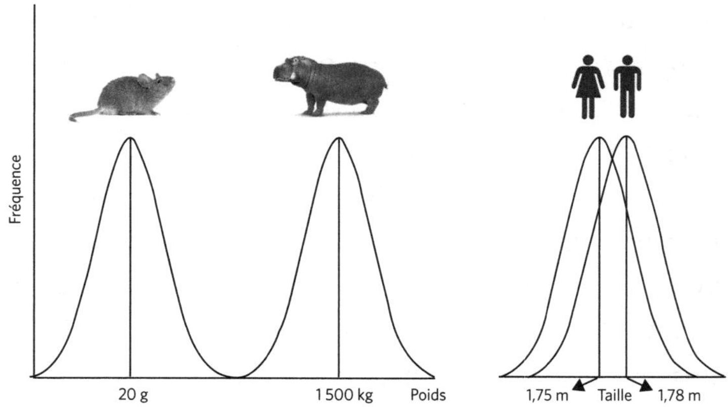

Figure 5. Le poids des souris s'échelonne entre disons, 10 et 30 grammes, avec une moyenne à 20 grammes. Le poids des hippopotames s'échelonne, lui, entre 1 et 2 tonnes. Il n'y a pas de recouvrement de poids entre les deux espèces. Par conséquent, on peut tirer des conclusions au niveau individuel : n'importe quelle souris est plus légère que n'importe quel hippopotame. En revanche, il y a un très grand recouvrement entre la taille des hommes et des femmes. Par conséquent, même si la moyenne diffère, on ne peut tirer presque aucune conclusion au niveau individuel.

non parce qu'il y a une différence de moyenne, mais parce qu'il n'y a pas de recouvrement entre le poids des deux espèces. Il est donc facile de tirer des conclusions individuelles très fortes : si Monsieur A est un hippopotame et Monsieur B une souris, il est certain que le premier est plus lourd que le second. Prenons maintenant un second exemple, la taille des hommes et des femmes. Là aussi il y a une différence de moyenne : 1,75 mètre pour les femmes et 1,78 mètre pour les hommes. Mais, contrairement aux hippopotames et aux souris, il y a un très grand recouvrement. Par conséquent, si vous prenez un homme et une femme au hasard, il y a à peine plus d'une chance sur deux que l'homme soit plus grand que la femme. Autrement dit, on ne peut tirer presque aucune conclusion au niveau individuel d'une telle différence de moyenne entre deux groupes qui se recouvrent beaucoup. Il en va de même pour la différence anatomique entre hommes et femmes mise en évidence dans l'article dont nous parlions. Si je dis que Madame A a de plus fortes connexions entre les deux hémisphères que Monsieur B, j'ai à peine plus d'une chance sur deux d'avoir raison…

CHAPITRE 4

Devenons-nous idiots ?

Commençons par une nouvelle inquiétante. Il paraît que dans de nombreux pays, la courbe du QI moyen, qui était montée tout au long du XXe siècle, a tendance à plafonner, voire à redescendre. Il y a quelque temps, la revue *Science et vie* faisait même sa couverture sur le titre inquiétant « L'intelligence humaine en panne ». Mais, d'abord, qu'est-ce que l'intelligence ?

C'est un mot du langage quotidien, qui a un sens assez flou, et éminemment variable. Vous direz que votre chien est intelligent, ou que votre nouveau téléphone est intelligemment conçu. Tout un chacun peut essayer de donner des définitions intuitives de l'intelligence, comme la capacité de s'adapter à des situations nouvelles, de résoudre des problèmes compliqués, de repérer des analogies entre des situations différentes ou d'être créatif, etc. Mais pour faire de la science, on est obligé de réduire ce flou et de choisir un sens précisément défini du mot intelligence, assorti de méthodes permettant de la mesurer objectivement.

Quelle définition rigoureuse de l'intelligence peut-on donc choisir ?

Ce qu'on appelle les tests d'intelligence, ou tests de QI (pour « quotient intellectuel »), ce sont des batteries qui regroupent toute une série de tests variés : calcul, vocabulaire, résolution de problèmes, mémoire, etc. Or, lorsqu'on fait passer une telle batterie de tests à une population assez nombreuse, on s'aperçoit que les résultats à tous les tests sont corrélés. Autrement dit, si vous êtes bon dans un test, vous aurez tendance à être bon dans tous les autres tests. Pour dire les choses encore autrement, certaines personnes ont tendance à être plutôt bonnes partout, et d'autres à être plutôt mauvaises partout. Cette corrélation globale entre tous ces tests est à la base de la définition de l'intelligence. À partir d'une batterie de tests, il est facile de mesurer mathématiquement cette tendance générale à être bon ou mauvais, mesure qu'on appelle pour cette raison le facteur *g* (comme « générale »). Si quelqu'un a une valeur de *g* élevée, cela exprime le fait qu'il a en moyenne de bons résultats dans tous les tests. Pour en revenir à notre question, il est particulièrement commode d'utiliser la valeur de *g* comme une mesure de l'intelligence, et aussi, à vrai dire, comme une définition de l'intelligence.

Mais on ne peut pas réduire la différence entre les individus à un seul chiffre, à la valeur de *g* ! Certains sont bons en maths mais n'ont pas une bonne mémoire, d'autres sont bons en orthographe mais mauvais en musique, etc.

Bien sûr. Les performances intellectuelles ne se réduisent évidemment pas à la valeur de *g*. En plus de la tendance globale à être plus ou moins bon dans tous les tests, s'ajoutent des différences individuelles entre différents domaines. Par exemple, vous pouvez avoir globalement un facteur *g* bas ou bien haut et, en plus de ce niveau global, être plus ou moins performant dans tel ou tel domaine.

De quand datent les tests de QI ?

Les premières batteries ont été développées au début du XXe siècle en France par les psychologues Binet et Simon. Leur motivation initiale était de dépister dans les écoles les enfants en difficulté, pour lesquels une aide particulière devrait être proposée.

Je vais vous poser une question brutale : l'intelligence est-elle innée ou bien acquise ?

À question brutale réponse de Normand : les deux, comme toutes nos capacités. Mais on peut aller au-delà de cette généralité et essayer de quantifier la part respective de l'hérédité et de l'environnement. La principale méthode consiste à étudier de nombreuses paires de jumeaux. Il faut en fait deux groupes de jumeaux : d'une part, des « vrais » jumeaux dont le patrimoine génétique est identique et, d'autre part, des « faux » jumeaux, qui sont nés ensemble mais qui sont génétiquement différents, comme n'importe quelle paire de frères ou de sœurs. On mesure alors le degré de ressemblance qu'ont entre eux les vrais jumeaux et le degré de ressemblance qu'ont entre eux les faux jumeaux, par exemple sur leur performance dans des tests de QI. On compare ensuite la ressemblance des vrais et des faux jumeaux. Imaginez qu'en moyenne deux vrais jumeaux se ressemblent plus que deux faux jumeaux, cela veut dire que l'hérédité joue un certain rôle. En effet la ressemblance entre jumeaux résulte du partage d'une éducation commune et de facteurs génétiques communs. Dans ces études, on s'assure bien que les jumeaux, vrais et faux, sont élevés ensemble. Par conséquent, l'influence de l'environnement est la même chez tout le monde, et toute différence entre vrais et faux jumeaux ne peut être que le fruit de la génétique. Ce que je vous décris avec des mots, on peut le faire avec des chiffres : ce genre d'études montre que l'intelligence est déterminée à environ 50 % par les prédispositions génétiques et à 50 % par l'environnement.

Cela veut-il dire qu'on connaît des « gènes de l'intelligence » ?

Non, et on en est même bien loin[1]. En effet, il est certain que des gènes très nombreux interviennent, mais qu'ils ont chacun une influence très faible. Et cette influence des gènes peut être très indirecte. À l'extrême, imaginez qu'un gène vous fasse aimer la choucroute. Imaginez aussi que, par ses vertus nutritives, la choucroute rende intelligent. Vous aurez un effet du gène d'amour de la choucroute sur l'intelligence, mais vous admettrez que cet effet est très indirect. Plus sérieusement, on sait que l'organisation anatomique de notre cerveau est fortement héritable : pas seulement la taille, mais aussi la forme, l'épaisseur, les replis, des différentes régions cérébrales dépendent fortement des gênes reçus de nos parents[2]. Et c'est probablement en bonne partie par ce biais que les gènes influencent l'intelligence.

Plus précisément, sait-on si certaines régions cérébrales sont particulièrement importantes pour l'intelligence ?

Il n'y a pas une région, mais un vaste réseau de régions frontales, pariétales, temporales et aussi les connexions entre ces régions, dont on a montré que le développement était plus ou moins corrélé à l'intelligence[3].

Si je puis me permettre, je ne suis pas vraiment satisfait par toutes vos explications : j'ai l'impression d'avoir été la victime d'un tour de passe-passe. J'ai commencé par vous demander une définition de l'intelligence, qui est une qualité psychologique, intellectuelle, cognitive des êtres humains. Et comme seule réponse, vous m'avez donné le facteur *g*, qui est une mesure statistique, mais pas du tout une explication de ce qu'est l'intelligence en termes psychologiques. Je ne sais toujours pas exactement quelles sont les compétences exactes qui diffèrent entre quelqu'un d'intelligent et quelqu'un qui l'est moins. Et même votre réponse sur les régions cérébrales impliquées dans l'intelligence n'arrange rien : vous n'identifiez pas une région particulière, vous énumérez à peu près tous les lobes du cerveau et leurs connexions ! Bref, j'ai la sensation de ne toujours pas savoir « ce que c'est ».

Je vois deux explications possibles à cette incompréhension. Soit je suis moi-même un ignorant et un mauvais pédagogue, soit cette incompréhension nous dit quelque chose de profond sur ce qu'est et n'est pas l'intelligence. Naturellement, je préfère la seconde explication. Nous avons choisi de définir l'intelligence sur la base du facteur *g*. Ce n'était pas la seule option. Nous aurions pu par exemple considérer le mot intelligence comme le synonyme d'une fonction mentale bien définie, dans le domaine du raisonnement par exemple. Ce n'est pas ce que nous avons fait. Toutefois l'intelligence, telle que nous l'avons définie sur la base du facteur *g*, se réfère bien à une caractéristique propre à chaque individu, mais cette caractéristique n'est pas une capacité intellectuelle bien définie.

Qu'appelez-vous une « caractéristique propre » à chaque individu ?

Je veux dire que c'est une propriété qui, comme la taille ou la couleur des yeux, vous est propre et ne change pas beaucoup au cours de l'existence. Mais attention, cette analogie avec la taille ne doit pas être prise à la lettre : on peut comparer la taille d'un homme éduqué à Paris au XXIe siècle et celle d'un autre éduqué en 1930 dans la jungle amazonienne, mais cela n'aurait absolument aucun sens de comparer leur QI. Les tests de QI sont des sortes d'exercices académiques conçus pour des Occidentaux contemporains éduqués, et la capacité d'y faire face dépend de façon massive de la maîtrise de la lecture, de la scolarisation, de la culture d'origine, etc. Toute tentative de comparaison de QI entre groupes ou individus doit prendre cela en compte très scrupuleusement. Gardons-le à l'esprit, et permettez-moi de vous parler d'une étude écossaise, publiée en 2004, que mon collègue Franck Ramus (dont le site Internet propose de très intéressantes analyses de ce sujet) m'a fait connaître[4]. Les racines de cette étude remontent au début du XXe siècle[5]. En 1931, les autorités éducatives écossaises décidèrent d'évaluer les capacités intellectuelles des enfants d'Écosse. Plutôt que de faire quelques sondages, ils entreprirent de faire passer des tests de QI à la totalité des enfants des écoles, ce qui fut fait dans la journée du mercredi 1er juin 1932. Cette évaluation porta au total sur environ 80 000 enfants. À partir de 1997, des psychologues des universités d'Édimbourg et d'Aberdeen ont voulu retrouver le plus possible d'enfants ayant participé à cette étude et encore en vie. Se limitant aux enfants nés en 1921, ils en ont recruté environ 500 et les ont soumis au même test de QI qu'en 1932. Les tests d'intelligence ayant été pratiqués à l'âge de 11 ans et aux environs de 80 ans, il était donc possible d'évaluer la stabilité des performances au cours du temps. Un des résultats frappants est la forte corrélation entre les mesures faites dans l'enfance et vers 80 ans (Figure 6). Ceux dont le QI était le plus haut en 1932 avaient encore le QI le plus haut soixante ans plus tard, et inversement. Naturellement, comme dans tous les phénomènes biologiques, ce n'est pas exact à 100 %. En jargon statistique, les chercheurs ont obtenu un R^2 valant environ 50 %. C'est une mesure de la force de la corrélation entre le QI à 11 ans et le QI à 80 ans, et cela signifie que si vous connaissez le QI à 11 ans, vous pouvez prédire « à moitié » le QI à 80 ans. On ne connaît pas bien les nombreux facteurs (maladie, éducation, sexe…) qui font que les uns ou les autres ont vu leur QI changer au cours de leur vie, en mieux ou en pire, par rapport aux promesses de leur jeunesse. Mais quoi qu'il en soit, on voit une forte stabilité du QI, et cela montre que le QI mesure bien une « caractéristique propre » et stable des individus.

Soit. Mais vous disiez aussi que cette caractéristique propre ne peut pas être ramenée à une faculté intellectuelle bien définie…

Ce n'est pas faute d'avoir essayé ! Certains ont dit que l'intelligence n'est autre que la capacité à faire fonctionner sa cervelle rapidement, ou à concentrer son attention sur le tra-

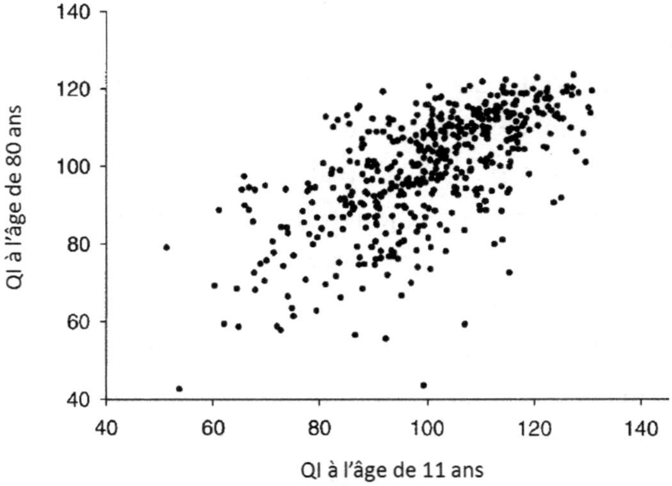

Figure 6. Chaque point représente un individu. Le QI mesuré à l'âge de 11 ans est fortement corrélé au QI mesuré à l'âge de 80 ans, soit près de soixante ans plus tard. © Deary *et al.*, 2004.

vail en cours, ou à manipuler plusieurs informations en même temps, etc. Chacune de ces interprétations de l'intelligence mesurée par le facteur *g* a une part de vérité, mais aucune n'est complète. Par exemple, il est vrai que la rapidité de fonctionnement intellectuel est corrélée à l'intelligence, mais si vous avez un haut score d'intelligence, vous allez aussi être meilleur dans des tâches n'imposant aucune limite de temps.

Comment surmonter cette impression déplaisante que l'intelligence est à la fois tout, et rien de précis ?

Remontons aux facteurs génétiques qui influencent l'intelligence. Imaginez que vous ayez un gène sous une forme qui « favorise l'intelligence ». À un premier niveau, ce gène va sûrement agir, au cours de votre développement, sur la mise en place de multiples régions cérébrales, et pas juste une seule. À un deuxième niveau, chacune de ces multiples régions cérébrales va intervenir dans plusieurs fonctions intellectuelles, par exemple le langage et les gestes, ou la mémoire et l'empathie, ou ce que vous voulez. À un troisième niveau, chacune de ces fonctions intellectuelles va jouer un rôle dans plusieurs des tests d'une batterie de QI. Par conséquent, pour ces trois raisons, les effets du gène que j'ai pris comme exemple vont se diluer et retentir dans de très nombreux aspects du fonctionnement intellectuel, provoquant une sorte de corrélation globale qu'il n'est pas possible de ramener à une fonction mentale bien définie. Et cet argument n'est pas limité à la génétique, il concerne aussi les effets de l'environnement. Si par exemple, pendant la grossesse, le cerveau du fœtus souffre (infection, défaut d'oxygénation…), cette souffrance va dans certains cas entraîner des effets diffus qui auront un impact sur l'intelligence telle que nous l'avons définie, c'est-à-dire comme une tendance générale à être plus ou moins performant dans toute espèce de tests.

Revenons à notre question de départ. Est-il vrai que l'intelligence a augmenté au cours du XXe siècle et commencerait à stagner de façon inquiétante ?

Il faut savoir qu'à un moment donné, les tests de QI sont conçus et notés pour que la note moyenne de la population soit exactement 100. Ainsi, en moyenne, à toutes les époques, la moyenne est toujours de 100 par construction. Pour comparer le QI d'une époque à l'autre, on doit réutiliser de vieux tests et estimer quelle est la note moyenne que nous obtiendrions aujourd'hui sur des tests datant de 1930, notés comme ils l'étaient en 1930. De telles études ont été faites et, en effet, les performances ont augmenté au cours du XXe siècle. Cette augmentation séculaire du QI est connue sous le nom d'« effet Flynn », du nom du chercheur qui a décrit et étudié le phénomène. On a cherché à l'expliquer par les raisons les plus variées. Il est certain que cela ne résulte pas de l'évolution génétique, qui est sans doute trop lente pour expliquer un changement si rapide. Parmi les explications évoquées, il y a les progrès de l'éducation, les changements d'alimentation, diverses évolutions culturelles, la diminution des infections et, bien sûr, une plus grande familiarité avec les tests...

Faut-il être inquiet du fait que cette croissance semble s'arrêter ?

D'abord, cet arrêt n'est vrai que dans certains pays développés, et en y pensant bien, je trouve que c'est plutôt une bonne nouvelle. En effet, cela veut peut-être dire que les facteurs qui ont été évoqués pour expliquer l'effet Flynn (éducation, santé, nutrition...) ont connu un progrès soutenu et sont parvenus à un niveau assez satisfaisant et assez stable pour que le QI n'évolue plus, du moins pour l'instant.

PREMIÈRE PARTIE

Je ne vois que ce que je crois, ou un monde d'illusions

On dit que « les yeux sont les fenêtres de l'âme », pour signifier que les yeux révèlent bien des choses sur les émotions, les pensées, l'attention, bref sur l'âme et ses mouvements. Mais, pour filer la métaphore, les fenêtres servent plus aux locataires à regarder dans la rue qu'aux passants à guetter l'intimité des habitants. Tout cela pour dire que les yeux sont les lucarnes par lesquelles notre âme – pardon, notre cerveau – s'informe sur le monde qui nous entoure. Lucarnes plutôt que fenêtres, et même judas plutôt que lucarnes. En effet, les fenêtres sont bien étroites. Nous avons l'impression d'être plongés dans un panorama plein, complet, coloré, en mouvement, en trois dimensions, fluide et continu dans le temps. Quelle surprise, et quelle terreur si, nous réveillant le matin, nous ne voyions que notre lampe de chevet, allumée, mais n'éclairant rien, perdue dans un gouffre noir et infini, dans toutes les directions ! Un instant plus tard, la lampe disparaît, nous nous tournons en tous sens dans le noir, et soudain apparaît, seulement l'espace d'une seconde, une clé métallique. Est-elle sur la même table que la lampe, ou par terre, ou accrochée au mur ? Comment s'orienter, dans cette obscurité sans repères, sans savoir où se trouvait cette lampe aperçue fugacement un instant plus tôt, sans voir ni table ni mur ?

Ce cauchemar n'est pas sans rapport avec un syndrome neurologique décrit dans un des chapitres qui suivent, la simultanagnosie, mais je l'imagine ici pour vous faire sentir combien les yeux sont d'étroites fenêtres. En effet, à chaque instant, nous ne voyons clairement que dans les quelques degrés centraux de notre champ visuel, juste autour du point que nous fixons. Un peu plus en périphérie, tout se perd dans le flou, les couleurs passent au noir et blanc, puis, plus en périphérie encore, notre champ visuel se transforme, pas même en noir mais en néant. Que voyons-nous derrière notre tête ? Pas du noir, plutôt du « néant ». Il n'y a rien, mais rien ne nous manque. On pourrait dire que nous vivons dans un monde obscur, armés d'une torche à l'étroit faisceau lumineux. Qui plus est, ce faisceau clignote sans cesse, s'allume et s'éteint : pendant que notre regard se déplace d'un endroit à l'autre, pendant que nos yeux sont en vol d'un point à un autre, plusieurs fois par seconde, nous sommes purement et simplement aveugles. Ce n'est que pendant les brefs instants où notre regard se pose que notre cerveau reçoit des nouvelles de ce qui nous entoure. Mais nous ne le savons pas. Pourquoi toutes ces métaphores inquiétantes et approximatives ? Pour vous convaincre que le monde rempli, coloré, continu, organisé dans lequel nous évoluons est une vaste illusion, la mère de toutes les illusions. C'est comme un rêve construit par notre cerveau. Heureusement, cette vaste illusion est là pour notre plus grand bien. En effet, ce rêve colle très bien à la réalité, ce qui nous permet de nous en sortir convenablement dans ce monde réel où nous vivons. Quittons maintenant ce lyrisme inquiétant : dans les chapitres suivants, nous allons décortiquer de façon plus prosaïque quelques illusions visuelles des plus instructives.

CHAPITRE 1

Les rayons et les ombres

Les hommes et les choses ont leur double, leur ombre, qui leur ressemble et les suit partout, impalpable et sans cesse changeante. L'ombre est un personnage discret et omniprésent de notre culture et notre langage : le royaume des ombres, il n'est plus que l'ombre de lui-même, l'homme qui a vendu son ombre au diable, son génie me fait de l'ombre, et marche à l'ombre, etc. Mais tournons-nous plutôt vers sa nature fondamentale, non pour le physicien, qui calculera sa forme en fonction des sources de lumière, des surfaces qu'elles éclairent et des objets qui la masquent, mais pour le psychologue de la perception. Pour le psychologue, ou le neuropsychologue, ou le neuroscientifique – c'est à peu près la même chose –, la question sera de comprendre comment notre cerveau repère et utilise les ombres qui nous entourent pour interpréter le monde dans lequel nous sommes plongés. Une ombre peut certes être une « chose » utile par elle-même, pour nous protéger du soleil, mais surtout, comme nous allons le voir, l'ombre nous instruit sur les objets qui nous entourent.

Commençons par une petite expérience. Je vous montre ce crayon rouge en pleine lumière du soleil, puis je le place à l'ombre d'un parasol. Quand il était en pleine lumière, le crayon renvoyait à nos yeux une lumière rouge très vive.

Quand il s'est retrouvé à l'ombre, il recevait lui-même moins de lumière du soleil et, donc, ne pouvait renvoyer vers nos yeux qu'une lumière beaucoup moins intense. Il y avait, en principe, deux manières d'interpréter ce changement dans la lumière que nos yeux reçoivent en provenance du crayon : soit le crayon a réellement changé de couleur, soit le crayon est resté le même et c'est la lumière ambiante qui a changé.

Dans ce cas, aucun doute, le crayon n'est pas un caméléon, il n'a pas vraiment changé…

En effet. Mais l'autre explication peut parfois être la bonne. Il arrive en effet que les objets changent vraiment de couleur, alors que l'éclairage reste constant : un visage qui rougit de honte, un voyant qui passe du vert au rouge, etc. Or il est très important que notre cerveau soit capable de faire le tri, c'est-à-dire de déterminer, lorsque la lumière que nous recevons d'un objet change, si c'est l'objet lui-même ou bien l'éclairage ambiant qui a changé. Cette capacité est extrêmement utile. Si vous êtes en train de faire griller un toast pour votre petit déjeuner, il est important de repérer que le pain est en train de changer réellement de couleur et d'éteindre le grille-pain. Il ne faut surtout pas se dire : « Bof, ce pain est bien foncé, mais c'est sans doute qu'un nuage passe devant le soleil du matin… »

Comment fait-on donc la différence entre un assombrissement dû à l'objet et un assombrissement dû à la lumière ?

Cela mériterait de longs développements, mais le principe est simple. Un changement d'éclairage affecte toute la scène de façon homogène, alors que, si un objet se modifie, seul lui se modifie. Il se distingue donc en cela de tous les objets qui l'entourent. C'est ce comportement indépendant que détecte notre système visuel, et qui permet de dire que c'est l'objet qui a changé, et non la lumière.

Nous pouvons maintenant en venir à nos questions d'ombres. L'ombre est un parfait exemple de l'impact de l'éclairage sur l'aspect des objets. Vous nous proposez une illusion visuelle qui illustre bien cela (Figure 7).

C'est une des illusions les plus puissantes que je connaisse. Vous voyez sur ce damier une case noire marquée A et une case blanche marquée B. Or la couleur de l'encre utilisée pour remplir ces deux cases est exactement la même. Même si vous faites un effort mental énorme, vous n'arriverez pas à vous

Figure 7. Croyez-le ou non, mais les cases A et B ont exactement la même couleur « objective ». © E. H. Adelson, 1995.

en convaincre : les deux cases apparaissent irrémédiablement colorées de façon différente.

Je ne peux absolument pas croire que la même teinte ait été utilisée pour remplir ces deux cases !

Pourtant c'est le cas, et c'est très facile à prouver. Il vous suffit de découper la page du livre et de juxtaposer les deux cases. Comme ce serait dommage, je l'ai fait pour vous. J'ai simplement découpé et agrandi les deux cases A et B et, comme vous voyez, quand on les met côte à côte, elles ont exactement la même teinte de gris (Figure 8).

Bon, je veux bien croire que vous n'ayez pas triché, mais d'où vient cette impression si forte que les deux cases sont différentes lorsqu'elles sont insérées dans la figure du damier ?

Pour en revenir à ce que je vous disais tout à l'heure, notre système visuel doit faire la part des choses dans la lumière que nous renvoient les objets entre ce qui est dû aux propriétés réelles des objets et ce qui est dû aux caractéristiques de l'éclairage. Pour résoudre cette question, on est obligé de tenir compte de ce qui se passe non pas seulement sur chaque objet individuellement, mais dans l'ensemble de la scène.

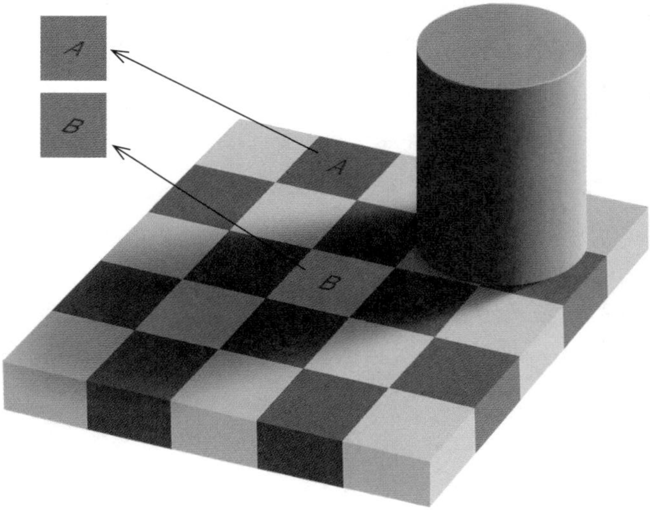

Figure 8. Découpées et extraites de l'image, les cases A et B sont bien remplies par exactement la même couleur d'encre. © E. H. Adelson, 1995.

Et l'ombre du cylindre sur le damier et qui, justement, dépasse de l'objet qui la projette, quel est son rôle dans l'illusion ?

Elle joue un rôle essentiel ! Sans cette ombre, l'illusion ne fonctionnerait pas. Mais, d'abord, cette sorte de traînée sombre qui traverse le damier, qu'est-ce qui nous dit que c'est une ombre et pas une tache de café renversé sur le damier ? Il y a plusieurs indices. En premier lieu, les bords de l'ombre sont flous, le passage de l'ombre à la lumière est progressif, contrairement à ce qui se passe d'habitude avec les frontières des objets matériels, qui sont nettes. D'ailleurs, quand le cerveau découpe le monde en objets distincts les uns des autres, il néglige les changements progressifs d'aspect, qui ne correspondent pas à des limites d'objets. Un autre indice du caractère ombreux de la traînée sombre, c'est qu'elle a des bords parallèles, ce qui est le cas des ombres projetées par le soleil. Un autre indice encore, c'est que l'obscurcissement s'applique de la même manière à toutes les cases sur lesquelles elle tombe, noires ou blanches, comme si les limites entre les cases n'existaient pas. Cela aussi est le propre des ombres, qui n'ont rien à faire des objets sur lesquels elles tombent et de leurs limites.

Et puis on voit le cylindre qui projette l'ombre, ce qui indique bien que c'est une ombre !

En effet, mais ce n'est pas très important. Si vous faites exactement la même image, mais sans le cylindre, l'illusion marche encore : nous sommes capables de reconnaître une ombre quand nous en voyons une, même sans voir l'objet qui la projette.

Bien. Mais en quoi cette ombre explique-t-elle l'illusion des carrés A et B ?

Puisque cette zone est une ombre, c'est que la case qui est dans l'ombre doit être *en réalité* plus claire qu'elle n'en a l'air et que la case qui est en pleine lumière doit être *en réalité* plus sombre qu'elle n'en a l'air. Bref, nous avons deux taches grises qui ont objectivement exactement la même intensité mais dont nous déduisons qu'elles sont *en réalité* l'une une case noire très éclairée et l'autre une case blanche peu éclairée. Ce que nous dit notre système visuel, ce qui accède à notre conscience, ce ne sont pas tous ces calculs sur les ombres, qui se font de façon automatique et inconsciente, mais seulement le résultat final, c'est-à-dire une conclusion qui porte sur le monde qui nous entoure : « La réalité qui envoie à mes yeux ces taches grises, c'est une case blanche et une noire. »

Je comprends bien le rôle de l'ombre. Et l'illusion marcherait-elle aussi bien si on utilisait un autre motif que le damier ?

Pas sûr. En effet, le damier nous donne, indépendamment de l'ombre, quelques indices supplémentaires sur les couleurs « réelles » des cases A (noire) et B (blanche). Ainsi la structure en damier fait que A est entourée de cases qui sont plus claires qu'elle et que B est entourée de cases plus foncées qu'elle. Ce contraste relatif est interprété comme un contraste absolu. Notre cerveau se dit que A est plus sombre que ses voisines et qu'elle doit donc être sombre dans l'absolu, et que B est plus claire que ses voisines et que c'est donc une case claire dans l'absolu[1]. De plus, nous percevons l'organisation régulière du damier, et nous regroupons toutes les cases claires entre elles, et toutes les cases foncées entre elles.

Ainsi, cette illusion, qui nous semblait être une sorte d'échec de notre système visuel, montre en fait comment il opère pour nous informer aussi fidèlement que possible sur le monde qui nous entoure…

Exactement. Si j'étais un petit singe dans la forêt, je voudrais pouvoir faire le tri entre des fruits bien mûrs et comestibles et des fruits pas mûrs en me fondant sur la couleur de leur peau. Je veux pouvoir faire cela le matin ou le soir, que les fruits se trouvent à l'ombre ou au soleil. Comme pour le crayon que je vous ai montré tout à l'heure, je demande à mon cerveau de m'informer sur la réalité de la surface de fruit, et peu m'importe la lumière ambiante qui, de toute façon, change d'un instant à l'autre[2]. Nous allons voir tout de suite un autre exemple des étranges jeux de la lumière, des couleurs et du cerveau.

CHAPITRE 2

Quelle est la couleur de la petite robe ?

Vous vous souvenez peut-être d'une photo qui a fait la une des journaux et envahi Internet il y a un ou deux ans : la fameuse robe que certains voyaient blanche et d'autres bleue, ce qui était apparu comme un véritable mystère. Avec un peu de recul, vous allez revenir sur ce phénomène médiatique et essayer de le tirer au clair d'un point de vue aussi scientifique que possible.

Commençons, pour nous remettre la chose en mémoire, par revoir un instant cette fameuse photo (Figure 9). Comme vous voyez, elle est bicolore, d'une couleur qui, selon les avis, est blanche avec de la dentelle dorée, ou bleue avec de la dentelle noire.

Vous-même, comment la voyiez-vous, et comment avez-vous réagi à cette agitation ?

Pour moi, c'était indiscutable : la robe était blanche et dorée. À vrai dire, je ne pouvais pas admettre que d'autres puissent la voir différemment. D'une part, les couleurs étaient incontestables à mes yeux et, d'autre part, j'avais un argument de principe : c'est une expérience universelle qu'absolument tout le monde est d'accord sur la couleur des choses (sauf les daltoniens…) ! Si vous demandez des pommes rouges ou un stylo bleu, il n'arrive jamais que le vendeur vous donne des objets dont la couleur ne correspond pas. Le système visuel fonctionne chez nous tous d'une façon suffisamment semblable pour qu'il n'y ait pas de telles divergences d'opinions. Et une petite robe sur Internet allait jeter tout cela par terre ?

Apparemment vous êtes revenu sur vos certitudes ?

En effet. D'abord, le désaccord est réel entre les opinions des uns et des autres concernant la couleur de la robe. Des chercheurs ont présenté la fameuse photo à 1 400 personnes en leur demandant de compléter la phrase : « C'est une robe de couleur … et …[1] » Et en effet, environ la moitié des gens la voient bleue

Figure 9. Blanche et dorée, ou bleue et noire ? Les avis diffèrent… © Cecilia Bleasdale, 2015.

et noire, un tiers blanche et dorée, tandis qu'une minorité perçoit encore d'autres combinaisons (notamment bleue et marron).

Est-ce invariable ou bien une personne donnée peut-elle passer d'une perception à l'autre ?

Si vous voyez la photo plusieurs fois, votre interprétation peut changer d'une fois à l'autre. C'est ce qu'on appelle une perception bistable. Bistable, cela signifie que le cerveau doit absolument choisir à chaque instant l'une de deux interprétations, quitte à passer de temps en temps de l'une à l'autre. L'exemple classique d'une perception bistable est le fameux « cube de Necker », qui est, par instants, vu comme si vous étiez placé au-dessus à droite et, par instants, comme si vous étiez en dessous à gauche (Figure 10).

Il est vrai que nous ne percevons pas tous la robe parée des mêmes couleurs. Je suppose que ce n'est pas une question de réglage des écrans d'ordinateur ?

Le choix de l'écran, les réglages, l'angle sous lequel vous regardez, la qualité de l'image, tout cela est évidemment

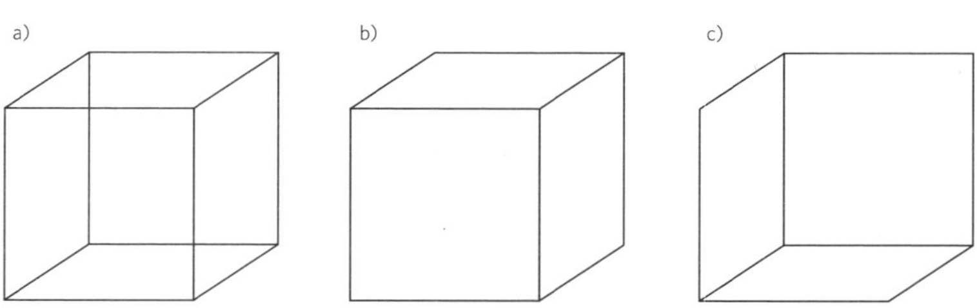

Figure 10. En regardant la figure (a), vous l'interpréterez alternativement comme un cube vu du dessus (b) ou du dessous (c). C'est une perception « bistable ».

important, mais, même en contrôlant bien ces facteurs, il reste vrai que certaines personnes voient blanc et d'autres bleu.

Quelle est donc l'explication profonde du phénomène ?

Comme je vous le disais au chapitre précédent, un petit singe dans la forêt a besoin de savoir si un fruit est mûr ou pas. Et cela ne va pas de soi, parce que selon la lumière que reçoit le fruit du soleil, il va renvoyer une lumière différente vers ses yeux. Le cerveau du singe doit l'informer sur la réalité de la surface de fruit, indépendamment de la lumière ambiante, qui change tout le temps. Le challenge du cerveau est donc de réussir à ne pas tenir compte de la lumière ambiante pour déterminer la « véritable » couleur des objets.

Pour savoir quelle est véritablement la couleur d'un objet, il semble évident qu'il faille tenir compte de la lumière qui éclaire la scène. Mais comment pouvons-nous déterminer quelles sont les caractéristiques de la lumière indépendamment des objets, puisque la seule chose que nous voyons, c'est justement la lumière que nous renvoient les objets ? Le serpent se mord la queue !

En effet. Pour savoir quelle est la lumière ambiante, on est obligé de tenir compte de ce qui se passe non pas sur chaque objet individuellement, mais dans l'ensemble de la scène. Par exemple, si absolument tous les objets présents sont sombres et rougeâtres, c'est sans doute que nous sommes éclairés par une lumière rouge et faible, et il faudra en tenir compte pour déterminer les caractéristiques réelles de la surface des objets.

Une fois ces principes compris, venons-en à la petite robe. Qu'a-t-elle de particulier qui puisse expliquer cette ambiguïté de couleur ?

Ce que cette image a de particulier c'est qu'elle est doublement ambiguë en matière de couleurs. La première ambiguïté, c'est qu'on ne voit presque pas l'environnement, la scène où la photo a été prise, mais juste la robe. Est-ce la lumière du jour ou une lampe de bureau ? La robe est-elle à l'ombre ou éclairée directement ? Il n'y a pas non plus d'objet de référence, comme un visage, dont nous connaîtrions la couleur réelle et qui nous permettrait d'étalonner notre perception de la robe.

Si je vous suis bien, si l'on ajoutait autour de la robe des indices bien clairs sur la vraie ambiance lumineuse dans laquelle la photo a été prise, la couleur de la robe cesserait d'être ambiguë…

En effet, et cela a été fait par des chercheurs (Figure 11). À gauche, la robe est insérée dans un éclairage global qui est manifestement bleu. Dans ce cas, la lumière bleue qui provient de la robe est attribuée à la lumière ambiante et pas à la robe elle-même, laquelle est donc perçue comme blanche et dorée par tout le monde. Inversement, à droite, la robe est insérée dans un éclairage global manifestement jaune. La composante jaune de la lumière renvoyée par la robe est alors attribuée à l'éclairage et non à la robe. Par conséquent, la robe est toujours vue bleue et noire, même par moi !

Figure 11. Dans une ambiance de lumière bleue, la robe apparaît blanche et dorée ; dans une ambiance jaune, elle semble bleue et noire.

C'est clair. Mais vous disiez que la photo de la robe était ambiguë pour deux raisons. Nous venons de voir que l'éclairage ambiant en est une. Quelle est l'autre ?

C'est plus subtil. Une perception ambiguë des couleurs ne se produit pas avec une robe colorée de n'importe quelle manière. Les teintes qui sont employées dans l'image dont nous parlons, c'est-à-dire une espèce de bleu pâle pour les parties claires de la robe et une espèce d'orange pour les parties foncées, sont des couleurs qui correspondent à la couleur de la lumière du soleil à différentes heures du jour. Or, très logiquement, nous ne sommes pas très bons pour reconnaître et distinguer ces couleurs. En effet, un même objet renvoie ces différentes couleurs selon l'heure de la journée, sans subir en lui-même aucune modification. Par exemple, une feuille de papier blanc (que nous percevons toujours comme blanche) réfléchit vers nos yeux une lumière qui passe du bleu pâle à l'orangé, au fur et à mesure que l'après-midi avance vers le soir. Si l'on remplace ces couleurs célestes particulières par d'autres, l'ambiguïté disparaît. Tout le monde sera d'accord sur les couleurs de cette autre robe, qui est sans ambiguïté verte et rose (Figure 12).

Il y a donc au moins deux raisons pour lesquelles la couleur de la robe est ambiguë. Mais sait-on pourquoi certaines personnes la perçoivent spontanément comme blanche et d'autres comme bleue ?

D'une manière générale, la manière dont nous percevons le monde résulte d'un mélange de deux choses : d'une part, l'information que nos yeux transmettent au cerveau et, d'autre part, toutes sortes de connaissances que nous avons *a priori*. Dans le chapitre précédent, nous avons discuté en détail un exemple de connaissance *a priori*, en l'occurrence tout ce que nous savons sur le comportement des ombres. Dans le cas de la petite robe, ces *a priori* pourraient concerner ce que nous

Figure 12. Le bleu et l'orange de la robe, couleurs solaires, sont particulièrement ambigus. En revanche, la robe recoloriée en rose et vert n'a plus aucune ambiguïté.

croyons ou savons concernant les robes, la dentelle, la lumière du jour, etc. C'est peut-être par leurs *a priori* que les gens diffèrent les uns des autres. Par exemple, on a montré que si l'image de la robe est présentée un peu floutée ou rapetissée, ce qui empêche de voir la texture de la dentelle, la tendance à la voir en bleu et noir augmente, peut-être parce que nous savons *a priori* que les décorations d'une robe sont plutôt dorées que noires… On a aussi montré que la tendance à voir la robe en blanc et or augmente avec l'âge et est plus marquée chez les femmes que les hommes. Des chercheurs ont suggéré (sans le prouver) que c'était peut-être parce que les femmes et les gens plus âgés sont plus exposés à la lumière du plein jour que les jeunes hommes, ce qui les pousse à interpréter l'image comme si la lumière ambiante était celle du grand midi, bleu clair, et donc la robe blanche et dorée. Toutes ces dernières hypothèses, qui cherchent à expliquer les différences individuelles dans la perception de la robe, sont bien… hypothétiques, je vous le concède.

Comment conclure l'histoire de la petite robe ?

Il me semble que l'idée importante est que, contrairement à ce qu'on pourrait croire naïvement, la couleur n'est pas une propriété de la lumière. C'est en fait une sorte d'étiquette que notre cerveau attribue à un objet que nous voyons, sur la base de la lumière que nous envoie cet objet, mais aussi de ce que nous pouvons inférer de la lumière ambiante et de ce que nous savons sur le monde en général, et sur les petites robes en particulier.

Naturellement, vous nous dites que la création de la couleur « se passe dans le cerveau ». Est-ce un tic de neurologue ? Dois-je vous rappeler que le cerveau n'est pas tout seul dans un bocal, mais que s'il voit, c'est grâce aux yeux qui lui apportent l'information dont il a besoin sur le monde extérieur ? Qui nous dit que ces fameuses illusions visuelles ne viennent pas aussi des yeux ?

Et moi, dois-je vous rappeler que la rétine (en partie au moins) n'est rien d'autre qu'un petit morceau de cerveau qui s'est étiré vers la surface du visage au cours du développement, quand vous étiez dans le ventre de votre mère ? Mais pour en revenir à votre question, il est vrai que certaines illusions naissent de la rétine, c'est-à-dire des yeux, et pas du cerveau. Nous allons d'ailleurs en voir un exemple dans le chapitre suivant.

CHAPITRE 3

J'en suis encore tout ébloui !

Il vous est peut-être arrivé, quand vous êtes en voiture, arrêté à un feu, de garder les yeux fixés sur la lumière rouge. Si après quelques secondes vous détournez les yeux, vous allez voir devant vous une image persistante de cette lumière, qu'on appelle techniquement une image « rémanente ». Mais cette image rémanente ne sera pas rouge, elle sera verte. C'est une expérience très facile à faire, même avec une simple tache de couleur sur un écran ou une feuille de papier…

Ce n'est pas très nouveau. C'est une expérience que les hommes ont dû faire depuis la nuit des temps. On imagine très bien un homme de Cro-Magnon qui fixe un instant une flamme puis détourne son regard vers la nuit préhistorique…

Certes. Le phénomène a d'ailleurs intéressé les esprits curieux depuis longtemps. L'illustre Wolfgang von Goethe (1749-1832), en plus d'être écrivain, poète et homme politique, a écrit un gros traité sur la théorie des couleurs. Il raconte qu'étant entré vers le soir dans une auberge, il est tombé sur une jeune fille à la peau blanche et aux cheveux noirs, vêtue d'un corsage rouge. La jeune fille s'étant rapidement éloignée, Goethe a alors vu de façon fugace, sur le mur blanc, une image en négatif de la jeune fille, le visage sombre entouré de clarté, vêtue d'un corsage d'un beau vert. Il a d'ailleurs lui-même peint ce visage inversé (Figure 13).

Connaît-on l'explication de ce phénomène courant ? D'où vient cette sorte d'illusion colorée ?

Comme je vous le laissais entendre, l'explication se trouve pour l'essentiel dans la rétine, le tissu nerveux qui se trouve au fond des yeux. Nous avons dans la rétine des cellules, qu'on

Figure 13. Aquarelle peinte vers 1810 par Goethe, représentant l'image en négatif d'une jeune fille, aperçue juste après le départ de celle-ci. © Klassik Stiftung Weimar.

appelle des cônes (environ 5 millions), qui reçoivent la lumière et la transforment en signaux électriques. Ces signaux vont ensuite des yeux au cerveau, ce qui nous permet de nous représenter le monde qui nous entoure.

Et ces cônes nous permettent non seulement de percevoir la forme des choses, mais aussi les couleurs ?

En effet. Et cela parce qu'il existe en réalité trois espèces de cônes, qui se distinguent par le genre de lumière à laquelle ils réagissent le plus. Une espèce réagit surtout à la lumière de petite longueur d'onde (« bleue »), la deuxième espèce réagit surtout à la lumière de moyenne longueur d'onde (« verte »), et la troisième à la lumière de grande longueur d'onde (« rouge ») (Figure 14). Selon la composition de la lumière que vos yeux reçoivent, chacun des trois types de cônes enverra un message plus ou moins fort au cerveau. Éclairée par le soleil, une tomate activera beaucoup les cônes de type « rouge » et moins les autres, une aubergine activera les cônes « rouges » et les « bleus », mais pas beaucoup les « verts », etc. Le cerveau se servira de ces proportions pour calculer la couleur que nous percevons[1].

Est-ce que ce n'est pas sur ce mécanisme physiologique que sont fondés les écrans couleur de télévision et d'ordinateur ?

Exactement. En chaque point de votre écran, il y a en fait un point de lumière « rouge », un de lumière « verte » et un de lumière « bleue », qui sont contrôlés séparément. En dosant l'intensité de ces trois couleurs, on peut donc contrôler ce que reçoivent les trois types de cônes, et donc la couleur que le

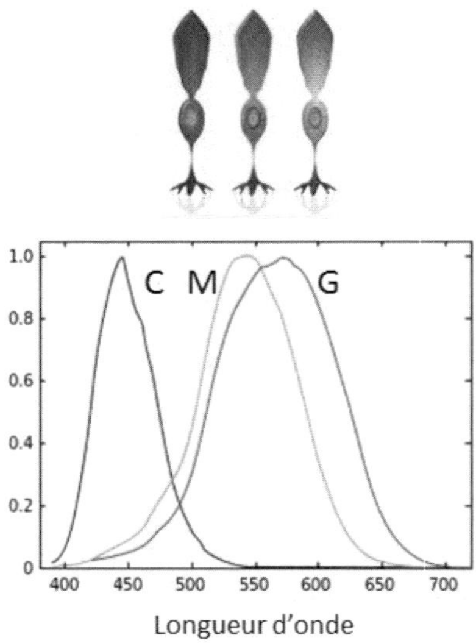

Figure 14. La rétine héberge trois sortes de cônes, sensibles respectivement à la lumière de courte, moyenne et grande longueur d'onde.

cerveau va percevoir. Le bon dosage des trois couleurs permet de faire percevoir toutes les teintes que le cerveau peut concevoir.

Revenons maintenant à notre illusion du feu de circulation rouge, rémanent sous forme d'un feu vert…

Si vous fixez longtemps la lumière, vous allez fatiguer, dans la région de la rétine qui reçoit la lumière du feu rouge, les cônes spécialisés dans la lumière « rouge ». Ces cônes ont à leur surface une grosse protéine (la photopsine) qui, chaque fois qu'elle reçoit un photon de lumière « rouge », dit à la cellule d'envoyer un message au cerveau. Mais, ce faisant, héroïque victime du devoir, cette protéine se détruit, et il faut un certain temps pour qu'elle se reconstitue. Par conséquent, si vous regardez ensuite une surface blanche, vos yeux vont envoyer au cerveau un message déséquilibré, d'où il manquera du « rouge », précisément à l'endroit où se focalisait la lumière rouge. Le cerveau interprétera naturellement cela comme une tache verte.

Ainsi notre cerveau n'intervient pas vraiment dans l'origine de l'illusion, mais se contente d'interpréter de façon normale une information déséquilibrée en provenance de la rétine ?

C'est l'explication principale, mais il est probable que le cerveau joue un rôle plus important que cela dans l'origine de l'illusion colorée. Ainsi, on a décrit le cas d'une patiente de 64 ans souffrant d'une atrophie progressive des régions situées à l'arrière du cerveau, régions qui reçoivent l'information en provenance des yeux. Il s'agissait peut-être d'une variante de maladie d'Alzheimer, mais il n'y avait en tout cas aucun problème de rétine[2]. Cette patiente, après avoir étendu des draps de lit rouges, avait observé que ses mains lui semblaient vertes, et cela pendant environ une minute, après quoi elles avaient repris progressivement leur couleur normale. Des tests plus systématiques ont confirmé que les rémanences colorées avaient chez cette patiente une durée très allongée, et une intensité beaucoup plus grande que la normale. L'explication n'est pas très claire, mais il est possible que, du fait de la maladie du cortex visuel, des cellules spécialisées dans la couleur rouge demeurent inhibées, éteintes, anormalement longtemps après la perception du drap rouge, entraînant cette hallucination de couleur verte.

Pour nous résumer, la rémanence « normale » viendrait de la rétine, et certaines maladies cérébrales pourraient exceptionnellement produire une rémanence « anormale » d'origine corticale ?

Oui, mais il n'est pas certain que ce schéma commode soit tout à fait exact. En effet, il existe des variantes de l'illusion qui suggèrent que même chez les sujets bien portants le cerveau joue un rôle. Par exemple, si vous fixez l'image de la figure 15, vous imaginez un rectangle rouge complet, et ensuite, quand vous regarderez ailleurs, vous verrez comme image rémanente un rectangle vert complet[3]. Or le remplissage illusoire du centre du rectangle, ce n'est pas la rétine, mais le cerveau qui en est responsable. Notre illusion résulte donc sans doute d'un jeu à deux assez subtil entre les yeux et le cerveau !

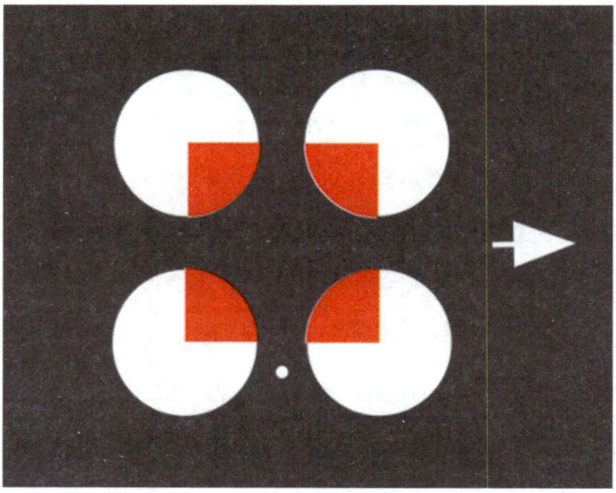

Figure 15. Fixez un moment le point blanc, puis regardez un mur blanc. Vous verrez un carré vert complet à la place du carré rouge incomplet. Le coloriage du milieu du carré a été fait par le cerveau.

Pour l'instant, nous avons discuté de la manière dont nous percevons le monde, mais un monde figé, immobile : un cylindre posé sur un damier, la photo d'une robe, un dessin de Goethe…

Mais de même que nous voyons les couleurs et les formes, nous voyons les mouvements et les transformations des choses. Nous allons voir qu'il est possible d'aborder cela aussi par le biais des illusions visuelles.

CHAPITRE 4

L'attaque de la diligence

Passons donc à une illusion visuelle liée au mouvement, et qui entre même en jeu dès que nous regardons un film. À quel genre de films pensez-vous en particulier ?

La scène de référence est l'attaque d'une diligence par des Indiens ou des bandits, dans un western de la grande époque. Si vous regardez les rayons des roues de la diligence, vous allez avoir par moments l'impression qu'elles tournent lentement à l'envers, et non pas vers l'avant, dans leur sens de rotation réel.

En effet, et pas seulement dans les westerns. Quelle est l'explication ?

C'est simplement un effet stroboscopique. Vous savez ce qu'est un stroboscope : une lampe qui s'allume et s'éteint très rapidement. Si vous êtes dans une boîte de nuit éclairée par un stroboscope, vous allez voir les mouvements des danseurs comme décomposés, parce que vous n'allez voir que la succession des instants disjoints où la lumière est allumée (Figure 16). C'est ce qui explique l'illusion de la roue qui tourne à l'envers. En effet, le film ne saisit pas la continuité du mouvement, mais une série d'images fixes (24 par seconde) et comme les images successives se ressemblent beaucoup, votre cerveau reconstitue une impression de mouvement continu. Quand la roue tourne à certaines vitesses, l'image 1 la saisit dans une certaine position, la roue tourne, puis l'image 2 la saisit dans une autre position où elle a l'air d'avoir un petit peu reculé, et ainsi de suite, ce qui fait que le mouvement perçu est inverse du mouvement réel.

C'est clair. C'est donc une illusion qui ne peut se produire qu'au cinéma, ou s'il y a un éclairage stroboscopique, qui découpe la réalité en images successives, et pas dans la vraie vie, lorsque vous vous promenez et que vous voyez des voitures qui passent, éclairées par la lumière continue du soleil.

Ce serait trop simple. En fait, une illusion de rotation à l'envers peut se produire même sous une lumière naturelle et continue. En 1967, William Rushton, un professeur de physiologie à Cambridge, a observé qu'en regardant tourner une sorte de roue de diligence tout en fredonnant, il arrivait à provoquer une illusion de mouvement comme dans un film. En fredonnant un son plus ou moins aigu, il pouvait contrôler

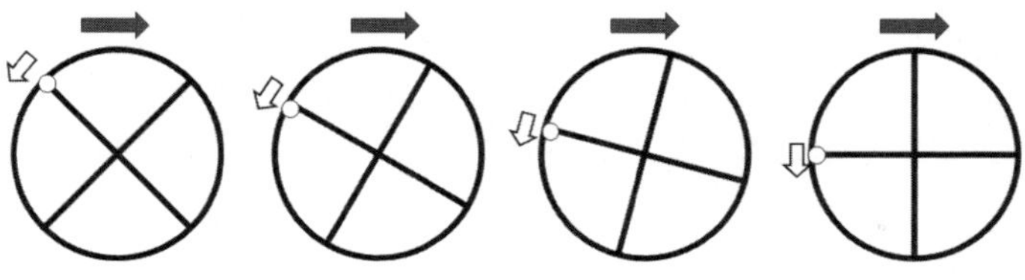

Figure 16. La roue tourne dans le sens des aiguilles d'une montre (flèche grise), mais entre deux éclairs du stroboscope, ou entre deux images du film, elle tourne d'un peu moins qu'un nombre entier de tours complets et semble donc tourner à l'envers (flèche blanche).

l'illusion, et faire apparemment tourner la roue dans un sens ou dans l'autre[1]. Ça a l'air bien étrange, mais en fait le mécanisme est similaire à celui du stroboscope. Le fait de bourdonner en fredonnant fait vibrer la tête, et notamment les yeux. Cela peut créer un décalage régulier entre la rotation de la roue et la perception visuelle, comme le décalage entre les 24 images par seconde du film et la rotation de la roue de la diligence, et créer l'illusion. On peut d'ailleurs provoquer un phénomène du même genre en bourdonnant devant la télévision, sur laquelle l'affichage est également périodique : on a alors l'illusion de voir des sortes de lignes apparaître sur l'écran.

Donc, si je comprends bien, toutes ces variantes de l'illusion marchent sur le même principe : on a, d'une part, le mouvement périodique et régulier de la roue et, d'autre part, un éclairage (ou une position de l'œil, ce qui revient au même) qui varie aussi de façon périodique et régulière, mais avec un petit décalage par rapport au mouvement de la roue. Par conséquent, il ne devrait pas y avoir d'illusion si la lumière est bien continue comme celle du soleil, et que vous avez le bon goût de ne pas bourdonner comme un maniaque devant votre télévision…

Hélas, ce serait encore trop simple. Cette illusion est plus universelle qu'on ne le croirait. Même dans ces conditions « non stroboscopiques », l'illusion se produit[2]. Elle est beaucoup plus fragile, moins durable, mais en regardant tourner une vraie roue, pas au cinéma, mais en plein soleil, et sans bourdonner, vous aurez par instants l'illusion d'une rotation lente qui se superpose à la rotation réelle, parfois à l'envers et parfois à l'endroit.

Est-ce que cela veut dire que nous avons une sorte de stroboscope dans la tête ?

Dit comme cela, cela n'a l'air de rien, mais c'est une question extrêmement profonde (et pas totalement résolue). Percevons-nous la réalité qui nous entoure de façon vraiment continue, ou bien comme une série de flashs successifs, dont nous n'aurions pas conscience, comme au cinéma ?

En tout cas, nous avons l'impression que nous voyons de façon continue...

Certes, mais, indépendamment de l'illusion dont nous parlons, il est de toute façon certain que cette impression de continuité est une grande illusion. La preuve la plus simple, c'est que nos yeux bougent en permanence. Ils font sans cesse de petits mouvements saccadés, se posent en un endroit puis en un autre, quatre ou cinq fois par seconde. Pendant que nos yeux font ces saccades, pendant qu'ils sont en vol d'un point de fixation au suivant, nous sommes en fait aveugles. Nous n'attrapons des images qu'aux brefs instants où nos yeux s'arrêtent. Et, bien sûr, nous n'avons pas conscience de ce caractère haché de notre saisie du monde qui nous entoure.

Alors, cette fameuse illusion de la roue qui tourne à l'envers, dont vous nous dites qu'elle peut se produire aussi en plein soleil, ne serait-elle pas due à ces petits mouvements de nos yeux, qui pourraient produire un effet stroboscopique, un peu comme lorsqu'on bourdonne en regardant la télévision ?

Non, on s'est assuré que ce n'était pas le cas. L'illusion persiste même si les yeux sont parfaitement immobiles. En fait, c'est peut-être à l'intérieur du cerveau qu'il faut chercher le stroboscope, ce que des chercheurs ont fait en utilisant l'enregistrement de l'activité électrique cérébrale grâce à l'électroencéphalogramme (EEG). Au cours d'un EEG, on place sur la tête de quelques dizaines à quelques centaines d'électrodes, et on enregistre globalement l'activité des milliards de neurones qui se trouvent sous ces électrodes. Sur les tracés d'EEG, on observe des ondes, c'est-à-dire des fluctuations régulières de l'activité électrique (Figure 17). Schématiquement, quand on est en haut d'une onde, c'est que les neurones dans de vastes étendues du cerveau augmentent tous de concert leur activité, et quand on redescend dans le creux d'une onde, tous ces neurones diminuent leur activité. Les ondes sont donc la marque d'une sorte de synchronisation globale de régions éloignées du cerveau, comme le chant de milliers de cigales qui augmenterait et diminuerait de façon simultanée sur des collines entières. On pense que cette synchronisation entre neurones éloignés joue un rôle important dans l'échange d'informations entre des régions distantes du cerveau.

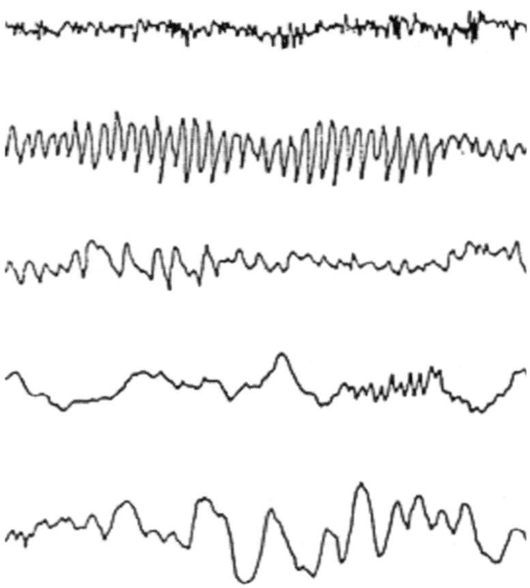

Figure 17. Exemples d'ondes cérébrales enregistrées grâce à l'électroencéphalogramme.

Et comment ces ondes expliqueraient-elles l'illusion de la roue qui tourne à l'envers ?

J'y viens. On a proposé que certaines de ces ondes révèlent une sorte de stroboscope interne : en haut de l'onde, le cerveau saisit une image de ce qui se passe dans le monde, puis la fenêtre se referme jusqu'à l'onde suivante, un peu comme l'obturateur d'une caméra classique, qui s'ouvre 24 fois par seconde. On a montré par exemple que si je vous présente sur un écran un point de lumière à peine visible, vous le verrez mieux si à cet instant vos ondes sont plutôt « hautes » que « basses[3] ». On aurait ainsi une explication « stroboscopique » possible de l'illusion de la roue de diligence, mais du fait d'une sorte de stroboscope cérébral, en l'absence de tout clignotement de la lumière extérieure.

Et dire que nous n'avons aucune conscience de cette perception saccadée du monde…

Il y a peut-être des situations où nous pourrions en prendre conscience. Les utilisateurs de LSD le savent (paraît-il) : la prise de LSD, une drogue hallucinogène (mais cela peut aussi être un effet secondaire de certains médicaments antidépresseurs), s'accompagne assez souvent d'une sensation de perception stroboscopique des objets en mouvement, comme une série de clichés figés. Rufin Van Rullen, qui a beaucoup travaillé sur ces sujets, a déposé sur Internet un questionnaire destiné à des anciens utilisateurs de LSD[4]. Il leur proposait aussi diverses petites vidéos représentant des exemples de perception stroboscopique, en leur demandant d'indiquer lesquelles s'apparentaient le mieux à leurs expériences sous LSD. Il semble que les images perçues sous LSD correspondent en moyenne à une fréquence de 15 à 20 images par seconde, ce qui coïncide avec la vitesse de certaines ondes cérébrales… L'hypothèse est que ces drogues, en perturbant le fonctionnement cérébral, rendraient anormalement perceptible l'ouverture intermittente de notre obturateur cérébral.

Vous venez donc de nous montrer qu'une curieuse illusion de mouvement (la roue qui tourne à l'envers) est une conséquence du caractère stroboscopique, haché, de notre perception. Mais la vraie question n'est-elle pas de savoir, alors que nous ne percevons le monde que de façon intermittente, comment il se fait que nous ne nous en rendions pas compte ?

Je ne me sens pas capable de vous donner une réponse complète et systématique, mais je vous propose une piste générale. La « raison d'être » de la perception, que ce soit la vision ou les autres sens, est de nous permettre de mettre à jour la représentation que nous nous faisons du monde extérieur. Mais nous ne partons pas de rien : nous avons des connaissances *a priori*. Nous savons, sans doute de façon innée, parce que nos ancêtres évoluent sur la terre depuis des milliards d'années, que les objets solides qui nous entourent sont durables, qu'ils ont une continuité dans le temps et l'espace. Il n'arrive jamais qu'une table cesse d'exister soudainement dans votre salon et se rematérialise un quart d'heure plus tard dans votre salle à manger. Si votre table passe d'une pièce à l'autre, même si vous n'étiez pas là et que vous n'avez aucun détail sur les circonstances de ce déménagement, vous savez de façon certaine qu'elle est passée de façon continue par tous les points intermédiaires entre le salon et la salle à manger. C'est comme cela que le monde marche. Ce savoir implicite a un impact même sur les aspects les plus automatiques de la perception. Si vous apercevez un petit chat qui traverse la pelouse en courant, passe derrière un arbre et resurgit de l'autre côté une fraction de seconde plus tard, vous allez bel et bien voir « un chat passant derrière un arbre », et pas « un chat cessant d'exister en arrivant à gauche d'un arbre et un autre chat se matérialisant à droite de l'arbre ». Le même principe s'applique à la perception d'images saccadées, intermittentes, stroboscopiques : il est certain que si votre cerveau reçoit trois images d'une balle de tennis successivement présente en trois points assez proches, ce n'est pas que trois balles différentes se seront brièvement matérialisées et auront disparu, mais évidemment qu'une seule balle sera passée de façon continue par ces trois positions.

Autrement dit, nous voyons un mouvement continu parce que nous savons que dans le monde réel, les objets se comportent de façon continue. C'est clair, mais vous ne nous avez pas expliqué quelle est exactement la machinerie cérébrale qui permet de créer cette illusion de continuité.

En effet, je ne vous l'ai pas expliqué... Je vous propose plutôt, dans le chapitre suivant, de voir un petit bout de cette explication neuronale, à propos d'une autre illusion visuelle assez remarquable, qui est précisément fondée sur cette illusion cinématographique de mouvement continu.

CHAPITRE 5

Mouvements illusoires et harmonie des hémisphères

Au cinéma, les images fixes qui se succèdent devant vos yeux sont riches, complexes, colorées, pleines de personnages, d'objets, de couleurs. Je vous propose de nous ramener à une situation infiniment plus simple, mais qui permet tout de même d'étudier l'illusion de mouvement continu qui surgit quand nous voyons en fait une succession d'images fixes. Un point noir apparaît très brièvement sur un écran, puis, une fraction de seconde après la disparition de ce premier point, un autre point noir apparaît quelques centimètres plus loin. Si l'écart des deux points dans le temps et l'espace est bien choisi, vous ne verrez pas deux points, mais vous aurez l'impression de voir un seul point se déplacer de façon continue d'un endroit à l'autre. C'est une version simplifiée de ce qui se passe quand vous voyez une voiture se déplacer dans un film.

C'est ce que les psychologues appellent le « phénomène Phi ». Qu'allons-nous en faire ?

Commençons par rendre les choses un brin plus compliquées, en regardant deux phénomènes Phi se produisant en même temps (Figure 18). Vous voyez deux points, alternativement en haut à gauche et en bas à droite, puis en bas à droite et en haut à gauche. Ce qui est nouveau, c'est que cette séquence peut être perçue de deux façons différentes. Très logiquement, il y a deux versions possibles de l'illusion. Si vous regroupez mentalement d'une part les deux positions de gauche et d'autre part les deux positions de droite, vous aurez l'illusion d'un point à droite et d'un point à gauche zigzagant chacun verticalement. Mais si vous regroupez mentalement, d'une part, les deux positions du haut et, d'autre part, les deux positions du bas, vous aurez l'illusion d'un point en bas et d'un point en haut zigzagant chacun horizontalement.

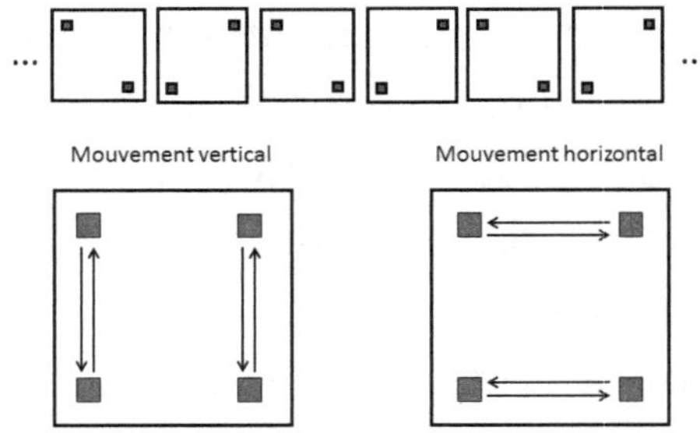

Figure 18. L'alternance des deux figures peut être interprétée soit comme deux mouvements alternatifs verticaux, soit comme deux mouvements alternatifs horizontaux.

Vous nous dites que les deux illusions sont possibles, mais surviennent-elles toutes les deux aussi souvent ?

Si vous regardez les points alterner pendant un moment, vous allez de temps en temps passer d'une interprétation à l'autre. Vous verrez les points zigzaguer verticalement, puis soudainement, alors que rien n'a changé objectivement sur l'écran, vous les verrez zigzaguer horizontalement. C'est une perception « bistable », comme nous en avons vu d'autres exemples dans le chapitre sur la couleur de la petite robe. Mais il se trouve que c'est le zigzag vertical que nous percevons la plupart du temps. La perception d'un zigzag horizontal est nettement plus rare.

Sait-on pourquoi nous imaginons un mouvement vertical plutôt qu'un mouvement horizontal ?

Un peu d'anatomie s'impose. Il faut savoir que notre système visuel est câblé de façon croisée. Tout ce que nous voyons dans la moitié droite de notre champ visuel est expédié par nos yeux dans notre hémisphère gauche, et inversement, tout ce que nous voyons dans la moitié gauche de notre champ visuel est envoyé à notre hémisphère droit. Ensuite, une fois arrivées dans un hémisphère ou dans l'autre, selon leur position dans le champ de vision, les images peuvent être communiquées et partagées entre les deux hémisphères. Cette communication entre les hémisphères se fait grâce à une sorte de volumineux câble, qu'on appelle le corps calleux, qui relie la droite et la gauche du cerveau (Figure 19).

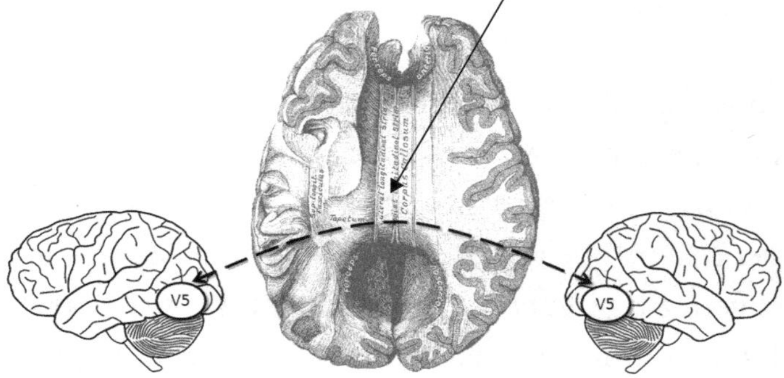

Figure 19. Au centre, un cerveau vu du dessus, à gauche l'hémisphère gauche et à droite le droit, découpé pour faire apparaître le corps calleux, comme un pont entre les deux hémisphères. Par l'arrière du corps calleux passent les fibres par lesquelles communiquent les régions V5 des deux hémisphères, dont la collaboration permet de créer l'illusion de mouvement horizontal.

Et comment cette organisation anatomique explique-t-elle qu'on voie les carrés bouger verticalement plutôt qu'horizontalement ?

Comme vous voyez, une explication simple est que pour percevoir un mouvement horizontal, il faut intégrer, lier, un point présenté à droite (et, donc, vu par l'hémisphère gauche) et un point présenté à gauche (et, donc, vu par l'hémisphère droit). Il faut, pour cela, que l'information circule entre les deux hémisphères *via* le corps calleux (Figure 20). En revanche, pour percevoir un mouvement vertical, il suffit de faire le lien entre un point perçu en bas et un point perçu en haut, mais du même côté, donc par le même hémisphère. Tout le calcul de ce mouvement peut ainsi se faire à l'intérieur de chaque hémisphère, sans exiger de communication entre les deux hémisphères par le corps calleux.

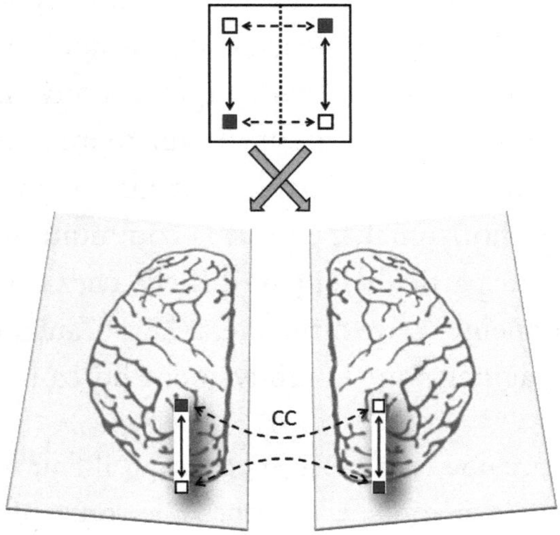

Figure 20. Chaque moitié de l'écran se projette dans l'hémisphère opposé. Chaque hémisphère isolé est capable d'imaginer le mouvement vertical (flèches continues), mais il faut une collaboration des deux hémisphères *via* le corps calleux (CC) pour imaginer le mouvement horizontal (flèches pointillées).

Autrement dit, le fait qu'on ait du mal à percevoir le mouvement comme horizontal refléterait la difficulté ou le coût qu'il y a à faire passer les informations d'un hémisphère à l'autre ?

Exactement. En se fondant sur cette idée, des chercheurs ont cherché à mesurer de façon individuelle l'efficacité de la communication entre hémisphères, en mesurant l'importance de cette préférence pour le mouvement vertical par rapport au mouvement horizontal[1]. Pour ce faire, ils ont rapproché les points de gauche et ceux de droite. En effet, quand les points de droite et de gauche sont suffisamment rapprochés, l'illusion horizontale devient aussi fréquente, voire plus fréquente, que l'illusion verticale. Ces chercheurs ont donc mesuré, chez chacun des sujets de l'expérience, de combien il fallait rapprocher les carrés de droite et de gauche pour qu'il perçoive aussi souvent un mouvement horizontal qu'un mouvement vertical. L'idée est que si chez quelqu'un il faut rapprocher beaucoup les carrés de droite et de gauche pour qu'il commence à voir le mouvement horizontal, c'est que la communication entre les hémisphères est particulièrement difficile chez cet individu, et que pour compenser cette difficulté, il faut beaucoup raccourcir le trajet à imaginer pour le mouvement horizontal.

Cela veut-il dire que chez les sujets chez qui il faut beaucoup rapprocher les carrés de droite et de gauche, le corps calleux, qui relie les deux hémisphères, est moins efficace ?

C'est exactement l'idée, mais c'est un peu plus subtil que cela. Il faut savoir qu'il y a dans chaque hémisphère une région du cortex qui s'appelle la région V5 et qui est spécialement chargée d'analyser les mouvements. Naturellement, comme je vous ai expliqué que notre système visuel a une organisation croisée, le V5 de l'hémisphère droit s'occupe des mouvements dans la moitié gauche de l'espace, et le V5 de l'hémisphère gauche s'occupe des mouvements dans la moitié droite de l'espace. Pour imaginer le mouvement horizontal faisant des allers et retours entre la droite et la gauche, il faut donc que le V5 droit et le V5 gauche communiquent et collaborent. Ces chercheurs ont utilisé l'IRM pour identifier, dans le corps calleux de chaque sujet, la région précise qui sert à la communication entre les V5 de droite et de gauche (voir, *supra*, Figure 19). Ils ont montré que la « qualité » de l'anatomie de cette partie précise du corps calleux était corrélée avec la facilité à percevoir le mouvement horizontal[2].

J'espère que tout le monde vous a bien suivi. Comment pourriez-vous résumer cette démonstration ?

En deux mots, nous sommes plus ou moins sensibles, les uns et les autres, à l'illusion de mouvement des points dans le sens horizontal, illusion qui suppose une bonne communication entre les deux hémisphères. Et, ce que je trouve assez extraordinaire, on peut rattacher cette différence individuelle à des différences subtiles, mais mesurables, dans l'anatomie des voies de communication de notre cerveau.

CHAPITRE 6

Faut-il croire ses yeux ou ses oreilles ?

Le système visuel est là pour nous informer sur ce qui se passe dans le monde qui nous entoure. Mais en général, les événements qui se produisent autour de nous ne se manifestent pas seulement par des rayons lumineux, mais aussi par des vibrations de l'air, que nous percevons comme des sons, et par la dispersion de molécules parfumées dans l'air, que nous percevons comme des odeurs, etc. Donc, s'informer sur ce qui nous entoure n'est pas que la besogne du système visuel, mais de tous les sens réunis. Peut-on donc séparer, comme nous l'avons fait dans les chapitres précédents, la vision des autres sens ?

On peut naturellement isoler la vision. C'est le genre de simplification que fait toujours la science lorsqu'elle s'attaque à des problèmes compliqués. Néanmoins, il est tout à fait vrai que les différentes modalités de sensation – vision, ouïe, toucher, odorat, goût – sont étroitement liées. L'étude de ces liens est un domaine de recherche très actif, dans lequel nous pouvons faire une incursion grâce à une autre illusion, dite du « double flash ».

Cette illusion est-elle connue depuis la nuit des temps, comme la rémanence des images colorées dont nous avons parlé dans un précédent chapitre ?

Non, elle n'a été découverte qu'en 2000, par des chercheurs du CalTech[1]. Le principe est très simple. On vous présente sur un écran une tache lumineuse, pendant une fraction de seconde, comme un flash. Quand ce flash est présenté simultanément à un bref « bip », il ne se passe rien de spécial : on perçoit un flash et un bip simultanés. Si, en revanche, le flash est accompagné par deux bips successifs, on a (parfois) l'impression de voir non pas un mais deux flashs qui se succèdent. Vous pouvez facilement trouver des vidéos sur Internet et essayer vous-même. Bref, parce que vous entendez deux bips, vous voyez aussi deux flashs, alors qu'il n'y en a en fait qu'un seul.

C'est donc l'audition qui gagne ! C'est le nombre de sons qui modifie le nombre de flashs qu'on perçoit, et pas le contraire. C'est bien cela ?

En effet, et la raison de cette prédominance de l'audition sur la vision nous renvoie à de profondes questions ! Prenons un peu de recul. Dans le cas dont nous parlons, vous recevez au même instant un flash par les yeux, et soit un, soit deux bips par les oreilles. Comme tout cela arrive au même moment, votre cerveau suppose que le flash et le bip (ou les bips) résultent d'un même événement. C'est comme cela que les choses se passent tous les jours : quand un bruit et une image sont simultanés, c'est souvent qu'ils ont une cause commune. Si je frappe dans mes mains, c'est au même instant que vous voyez mes mains se toucher et que vous entendez le bruit. Les deux coïncident parce qu'ils résultent du même événement.

Donc, quand vous percevez flash et bips simultanément, vous les interprétez comme résultant d'un même événement. Et c'est là que les ennuis commencent. Est-ce que la foudre est tombée une fois ou deux ? Vos yeux vous disent qu'il y a eu un seul éclair (le flash), mais vos oreilles vous disent qu'il y a eu deux coups de tonnerre (les deux bips) : qui a raison ?

Je vous le demande...

Comme vous le rappeliez, tous nos systèmes de perception – la vision, l'audition et les autres – servent à nous renseigner sur ce qui se passe dans le monde autour de nous. Pour cela, toute information est bonne à prendre, qu'elle vienne des yeux ou des oreilles. Mais toutes les sources d'information ne sont pas également fiables, selon les questions qui sont posées. Si je veux m'informer sur les derniers traitements de l'épilepsie, je ferai plus confiance à une revue médicale qu'à un magazine people, et inversement si je veux m'informer sur les derniers potins mondains. Dans le cas qui nous occupe, la vision et l'audition ont chacune leurs qualités. La vision est plus précise que l'audition pour localiser les choses dans l'espace. Si vous donnez un petit coup sur la table, alors que je vous regarde mais que je me bouche les oreilles, mes yeux me suffiront pour voir exactement où vous avez tapé. Inversement, si j'ai les yeux fermés et les oreilles ouvertes, l'audition seule m'indiquera seulement de façon approximative à quel endroit de la table vous avez frappé. En revanche, quand il ne s'agit pas d'analyser l'espace mais le temps, c'est l'audition qui est la plus précise. Au cinéma, vos yeux sont incapables de distinguer les 24 images par seconde comme des événements séparés, cela va trop vite. Par contre, si vous entendez 24 sons par seconde, c'est comme si vous entendiez une mitraillette, et vous pouvez parfaitement distinguer chacun des sons. Bref, quand il s'agit d'analyser le rythme des choses, mieux vaut croire nos oreilles que nos yeux. C'est pour cela, pour revenir à notre illusion, qu'avec un flash et deux bips simultanés, nous imaginons voir deux flashs. L'audition gagne, au point de contrôler la vision et de nous faire halluciner deux flashs alors qu'il n'y en a qu'un.

Connaît-on le mécanisme cérébral de cette influence de l'audition sur la vision ?

Disons qu'on le connaît en partie. D'abord, un peu d'anatomie. Toute l'information que recueillent les yeux est envoyée au cerveau, et arrive en premier lieu dans ce qu'on appelle les régions visuelles primaires, à la face cachée des hémisphères, tout à l'arrière du cerveau (Figure 21). C'est la porte d'entrée de toutes les images dans le cerveau. L'électroencéphalogramme (EEG), dont nous avons déjà parlé, permet de mesurer l'activité électrique cérébrale milliseconde par milliseconde. En enregistrant l'EEG de sujets soumis à l'illusion du double flash, on a montré qu'environ un vingtième de seconde après sa survenue, le second bip, celui qui provoque l'illusion d'un second flash, a déjà une influence sur les régions visuelles[2]. Autrement dit, quelques centièmes de secondes après l'arrivée du second bip, on observe déjà une communication entre audition et vision. C'est une telle influence des régions auditives sur les régions visuelles qui doit être à l'origine de l'illusion.

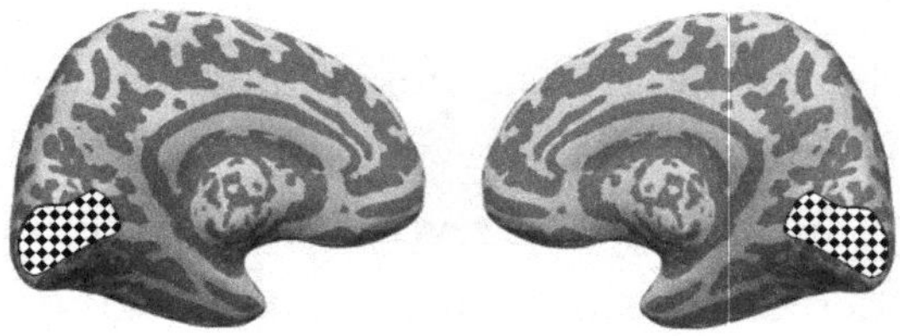

Figure 21. La région V1, par où transite l'essentiel de l'information visuelle entrant dans le cerveau.

Et cette illusion marche-t-elle aussi bien chez tout le monde ?

Nous ne sommes pas tous également sensibles à cette illusion du double flash. Pour essayer de comprendre cette inégalité, des chercheurs ont testé un groupe de sujets. Chez chacun, ils ont mesuré la plus ou moins grande sensibilité à l'illusion du double flash, et ils ont fait en outre une IRM anatomique de leur cerveau. Je vous ai dit que les régions visuelles primaires sont impliquées dans l'apparition de l'illusion. Ils ont donc cherché s'il existait un rapport entre la taille des régions visuelles primaires et la sensibilité à l'illusion[3]. Et ils ont trouvé que plus votre cortex visuel est petit, plus vous êtes sensible à l'illusion !

Donc, si l'illusion n'a pas marché avec moi, c'est que j'ai un grand cortex visuel ! Mais à vrai dire, je ne comprends pas bien le rapport entre la taille du cortex et l'illusion de flash…

C'est en effet assez mystérieux, mais pas complètement. On sait que plus votre cortex visuel est grand, meilleure est votre capacité à percevoir certains détails. Par exemple, pour décider si l'orientation des lignes est exactement la même à droite et à gauche, vous serez d'autant plus précis que votre cortex visuel est plus étendu (Figure 22)[4]. Donc, en caricaturant un peu,

Figure 22. Si vous pouvez facilement détecter que les lignes obliques n'ont pas exactement la même orientation à droite et à gauche, c'est que votre cortex visuel primaire est assez vaste.

si vous avez un petit cortex visuel, votre vision n'est pas très fiable, et il vous faut d'autant plus vous fier à vos autres sens, en particulier à l'audition. Dans le cas de notre illusion, vous voyez un flash et vous entendez deux sons. Plus vous vous fiez à l'audition, plus vous concluez qu'il y a eu deux événements, et plus vous avez de chances d'halluciner un second flash.

Conclusion ?

Une fois de plus, les illusions ne doivent surtout pas être vues comme des signes d'erreur de notre cerveau, mais comme des révélateurs de ses principes de fonctionnement. Que nous a montré l'illusion du double flash ? Dans le flot d'informations plus ou moins fiables qui nous submergent, pour survivre, il est vital que nos systèmes de perception sachent accorder plus ou moins de poids aux unes ou aux autres. Quand il s'agit de percevoir finement le cours du temps, mieux vaut se fier à nos oreilles qu'à nos yeux… Dans ce terrifiant flot d'informations plus ou moins fiables, il faut aussi savoir faire le tri entre l'important et l'accessoire. Faire ce tri, c'est exactement le rôle de l'attention, dont nous allons parler dans le chapitre qui suit.

CHAPITRE 7

Attention à Charybde, attention à Scylla !

Dans la vie de tous les jours, nous ne cessons de dire, ou de nous entendre dire : « Fais attention ! », « Il n'a pas fait attention et il s'est trompé... » ou, au contraire : « Tu ne devrais pas faire attention aux bêtises qu'il te raconte ! » Que signifie vraiment ce mot « attention » ?

Comme beaucoup de termes qui décrivent notre vie mentale, la conscience, l'envie, le doute, l'intelligence, le mot « attention » a des sens multiples et assez flous. Mais pour l'essentiel, je pourrais résumer le cœur de ce qu'est l'attention en faisant référence à *L'Odyssée* racontée par Homère. Vous vous souvenez du voyage d'Ulysse, qui a échappé à mille dangers et vécu mille aventures, en dix ans de voyage, pour rentrer chez lui après la fin de la guerre de Troie. Au cours de ces dix années, Ulysse avait gardé en tête, jour après jour, son objectif ultime : rentrer chez lui. Mais pour mener ce plan à son terme, il a dû faire face à deux exigences plus ou moins contradictoires face aux phénomènes de la mer. D'une part, ne pas se laisser distraire de son but par les tentations : ne pas s'abandonner au chant des sirènes, ou au charme de Circé et de Calypso, qui voulaient lui faire oublier son but et sa maison et le garder pour elles ; d'autre part, il lui fallait tout de même garder l'esprit ouvert, repérer les dangers inattendus, s'écarter de Charybde, Scylla et autres monstres marins non prévus au programme.

Dites-nous plus clairement pourquoi cette belle histoire doit nous faire comprendre ce qu'est l'attention.

Nous sommes en permanence submergés d'informations, que nous ne pouvons pas toutes utiliser avec notre pauvre cerveau. Heureusement, l'écrasante majorité de ces informations ne sont pas vraiment utiles. Il faut donc faire une sélection des informations potentiellement utiles, les seules dont nous allons prendre conscience, que nous allons analyser à fond et, éventuellement, utiliser. C'est là qu'arrive Ulysse aux mille ruses. L'attention doit remplir les deux fonctions un peu contradictoires auxquelles Ulysse a dû son salut. D'une part, il faut éliminer les données qui m'empêcheraient de poursuivre mon but du moment (il vaut mieux que je ne fasse pas trop attention à ce que me raconte mon passager si je conduis sur une route verglacée). Mais, d'autre part, il faut être mis en alerte par des événements imprévus, mais peut-être importants (un enfant qui s'approche en courant du bord de la route). L'attention regroupe les différents aspects de ce tri entre l'information qui est importante et celle qui ne l'est pas.

Y a-t-il des régions cérébrales particulièrement importantes pour le fonctionnement de l'attention ?

Ce sont des systèmes qui ne sont pas tous regroupés dans un coin du cerveau, mais qui sont distribués entre plusieurs régions distantes (Figure 23). Les régions impliquées sont en partie vers l'avant du cerveau (dans les lobes frontaux) et en partie en arrière (dans les lobes pariétaux). Et comme ces régions sont éloignées les unes des autres, les câbles qui leur permettent de communiquer entre elles sont particulièrement importants pour le fonctionnement de l'ensemble. J'appelle cela des câbles, mais en réalité ce sont des axones, des prolongements de neurones, qui parcourent la substance blanche cérébrale, sous le cortex, connectant les régions les unes aux autres.

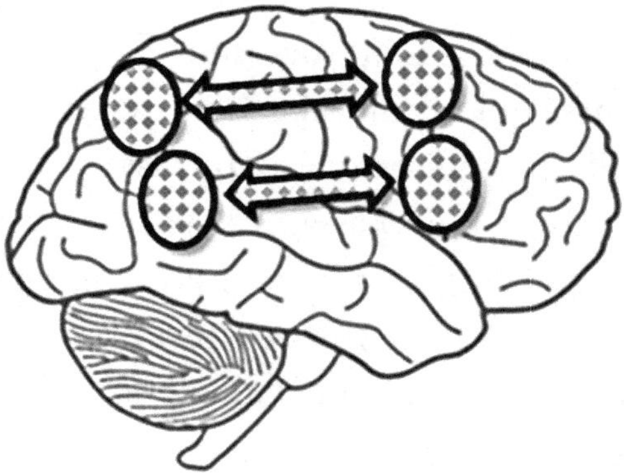

Figure 23. Le contrôle de l'attention repose sur des régions distribuées entre les lobes frontaux en avant, et pariétaux en arrière, reliés par des faisceaux de substance blanche représentés ici par les flèches.

Sur la figure, j'ai remarqué qu'on voit un cerveau de profil droit. Est-ce que cela veut dire que ce système de contrôle de l'attention se trouve uniquement dans l'hémisphère droit, ou bien chaque hémisphère a-t-il le sien ?

La vérité est entre les deux : il y a un système de contrôle de l'attention dans chaque hémisphère, mais ils ne sont pas égaux. En effet, l'hémisphère droit a une importance prépondérante en ce domaine. Vous savez que tout n'est pas symétrique dans le cerveau : le langage est d'habitude dans l'hémisphère gauche et, inversement, c'est l'hémisphère droit qui a un rôle prédominant dans l'attention.

Et comment a-t-on découvert cette prédominance de l'hémisphère droit pour le contrôle de l'attention ?

Comme souvent, ce sont des patients souffrant de lésions cérébrales qui ont révélé cet état de choses. Certains accidents touchant spécifiquement l'hémisphère droit provoquent un syndrome très remarquable, qui s'appelle « négligence ». Cela ne veut pas dire qu'un patient négligent négligera de venir à l'heure à ses rendez-vous ou de se brosser les dents. Cela a un sens médical bien précis : il ne fait pas attention à tout ce qui se trouve à sa gauche, il « néglige » le côté gauche du monde…

Concrètement, comment cela se manifeste-t-il ?

Cela se manifeste dans toutes les circonstances où il faut agir dans l'espace. Les patients se cognent l'épaule gauche aux montants des portes, auxquels ils ne font pas attention.

Un patient négligent ne rasera que la moitié droite du visage, la seule à laquelle il fait attention face à son miroir. En écrivant, il n'utilisera que la moitié droite de la page et laissera la moitié gauche blanche. En faisant une tarte aux pommes, il ne mettra des pommes que dans la moitié droite de sa tarte… Je me souviens avoir vu une patiente qui avait mangé la moitié droite de son assiette de purée. Quand je lui ai demandé pourquoi, elle m'a confirmé que son assiette était bien vide. J'ai alors fait tourner son assiette de 180 degrés, le reste de la purée s'est retrouvé à droite et non à gauche, et elle a recommencé à manger. Les exemples abondent…

Cela signifie-t-il qu'un patient négligent est d'une certaine manière aveugle du côté gauche ?

Non, c'est assez différent. S'il était aveugle du côté gauche, il se tournerait vers le côté gauche pour aller explorer ce qui s'y passe. Si, en revanche, il est négligent, le problème est justement qu'il ne va pas déplacer son attention, qu'il ne va pas aller voir, chercher, attraper, se diriger, vers la moitié gauche du monde.

C'est donc le fait qu'on puisse avoir une négligence après une lésion de l'hémisphère droit, et (en général) pas de l'hémisphère gauche, qui a révélé ce rôle prédominant de l'hémisphère droit dans l'attention. Mais oublions maintenant les patients, et regardons ce qui se passe chez les gens bien portants. Il me semble que notre attention se déploie tout autant à gauche qu'à droite, et ce malgré cette « dominance » de l'hémisphère droit dans le domaine de l'attention…

En gros, vous avez raison, mais si on regarde les choses assez précisément, on peut trouver un discret reflet de cette asymétrie cérébrale dans le comportement de tout un chacun. C'est ce qu'a fait notre collègue Michel Thiébaut il y a quelques années. Il a employé un test très simple, qu'on appelle la bissection de ligne[1]. On vous présente, sur une feuille de papier ou sur un écran, une ligne horizontale et on vous demande de repérer le plus précisément possible où se trouve selon vous le milieu de la ligne, et d'y placer une petite marque.

Et sommes-nous capables de trouver le milieu de façon précise ?

Oui, mais avec tout de même une tendance à placer le milieu un peu trop à gauche par rapport au milieu géométrique. Schématiquement, on peut interpréter cela en disant que nous faisons naturellement plus attention à gauche qu'à droite et que, donc, on « néglige » un peu l'extrémité droite de la ligne, ce qui conduit à placer le milieu trop à gauche (Figure 24, haut) !

Et comment rattacher cette petite déviation normale vers la gauche à la dominance de l'hémisphère droit pour le contrôle de l'attention ?

J'y viens. J'ai mentionné les faisceaux de câbles qui lient entre eux la partie frontale et la partie pariétale du système de l'attention. Ces faisceaux de substance blanche, il est possible d'en mesurer la taille et l'épaisseur de façon assez précise en IRM. Les chercheurs ont montré une première chose, qui est que ces faisceaux sont plus développés dans l'hémisphère droit que dans le gauche, ce qui va bien avec l'idée d'une prédominance de l'hémisphère droit dans le contrôle de l'attention. Mais de plus, et j'en reviens à la bissection des lignes, ils ont examiné l'anatomie individuelle des sujets qui avaient passé ce test de division d'une ligne en deux. Ils ont montré que plus

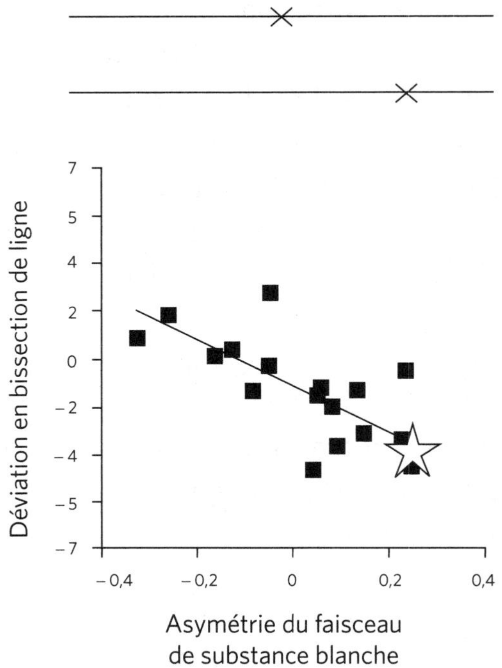

Figure 24. Si on lui demande de marquer le milieu exact d'une ligne, un sujet bien portant va en moyenne couper un peu trop à gauche (ligne du haut). Un patient négligent ignore la partie gauche de la ligne et la coupera donc beaucoup trop à droite (seconde ligne). La tendance des sujets sains à couper trop à gauche est corrélée à l'asymétrie des connexions de leur système de contrôle de l'attention.

vos faisceaux sont développés dans l'hémisphère droit, par comparaison avec l'hémisphère gauche, plus vous aurez tendance à dévier et à couper les lignes vers la gauche. Dans la figure ci-dessus, chacun des carrés représente un sujet sain ayant participé à l'expérience. Si vous prenez par exemple le carré remplacé par une étoile, en bas à droite du graphique, il s'agit du sujet dont les faisceaux de câbles dans le système de l'attention sont les plus asymétriques, beaucoup plus volumineux à droite qu'à gauche, et c'est aussi un des sujets qui vont couper les lignes le plus loin à gauche du milieu.

Un mot de conclusion ?

Sur des sujets *a priori* aussi vastes et flous que l'attention, je trouve assez remarquable cette possibilité de ramener à l'anatomie cérébrale non seulement le comportement de patients qui souffrent de dégâts cérébraux, mais aussi, de la même façon, de rendre compte d'une partie de la diversité des comportements normaux.

CHAPITRE 8

Le Quoi et le Où

Dans les chapitres précédents, nous avons discuté de plusieurs illusions visuelles et de ce qu'elles nous enseignent sur le fonctionnement du système visuel. Mais, ce faisant, si nous avons bien parlé du fonctionnement du cerveau, quand il s'agissait d'entrer dans les détails anatomiques et physiologiques, nous en sommes restés à quelques points de détail : la taille de V1, le corps calleux, les liens de V5… Avant de quitter le domaine de la vision, pourrions-nous avoir une vue d'ensemble de l'organisation cérébrale de la vision ?

Parfait. Si je vous demande de me décrire ce que vous voyez autour de vous, vous allez me dire quelque chose comme : « Il y a Laurent Cohen à ma droite, il a une chemise bleue, il y a des livres sur l'étagère à ma gauche, une fenêtre devant moi, etc. » Bref, vous me décrirez la scène dans laquelle vous êtes plongé. En prenant un peu de recul, on peut distinguer en deux catégories les informations que vous me donnerez. D'une part, vous me décrirez les objets que vous voyez (leur forme, leur couleur, leur identité – un livre, un visage, une chemise…) et, d'autre part, vous me direz où ils se trouvent (en haut, en bas, à droite, à gauche…). Autrement dit, vous me parlerez du « Quoi » (les caractéristiques des objets) et du « Où » (leur position dans l'espace).

Dans la vie réelle, nous avons évidemment besoin en permanence des deux informations : à table, je dois à la fois reconnaître la salière et la distinguer du poivrier, et savoir où elle se trouve exactement pour pouvoir l'attraper sans tout renverser. Le Quoi et le Où sont donc inséparables...

Ils ne sont pas si inséparables que cela. Tout d'abord, il faut savoir que ce sont des régions distinctes du cerveau qui s'occupent du Quoi et du Où (Figure 25). En gros, tout l'arrière du cerveau s'occupe de la vision et, au sein de ce système visuel cérébral, le Quoi – les caractéristiques des objets – est analysé dans le bas du cerveau, alors que le Où – la localisation des objets – est analysé dans le haut du cerveau.

Et comment a-t-on découvert cette sorte de division du travail dans le cerveau entre Quoi et Où ?

Disons que cette manière de présenter les choses de façon synthétique (le Quoi en bas et le Où en haut) est assez récente. Dans les années 1980, Leslie Ungerleider et Mortimer Mishkin ont proposé cette idée sur la base de travaux réalisés chez des macaques (les singes ont sensiblement le même système visuel que nous)[1]. Dans la première expérience, on commence par présenter au singe un certain nombre d'objets (un cube vert, un cylindre rayé, etc.). Un peu plus tard, on installe le singe devant une table comportant deux trous. Dans un des trous, il y a de la nourriture, mais le singe ne voit pas dans lequel, parce que les trous sont couverts chacun par un objet. Un de

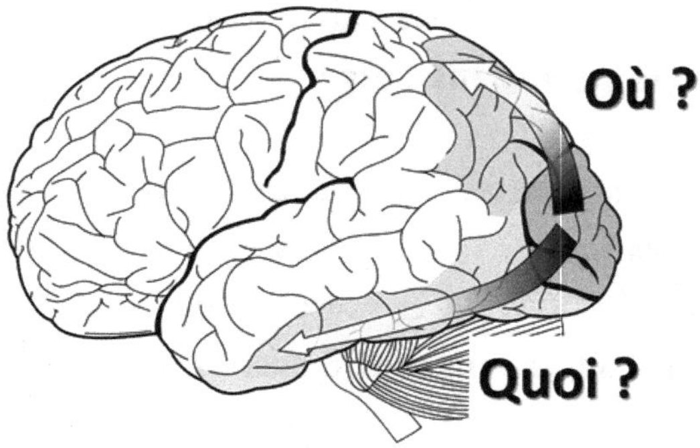

Figure 25. Au sein du système visuel cérébral, des régions distinctes analysent le « Quoi » et le « Où ».

ces objets fait partie de ceux que le singe a vus un peu plus tôt, l'autre est nouveau. En entraînant le singe, on lui apprend que s'il veut trouver la nourriture, il doit aller regarder dans le trou qui est couvert par l'objet qu'il a déjà vu auparavant. Bref, pour trouver la nourriture, il doit reconnaître des objets : c'est une tâche de Quoi. Dans une seconde expérience, on place à nouveau un singe devant la même table à deux trous, mais, cette fois, les trous sont juste fermés par un couvercle. Il y a sur la table un petit cylindre, et on apprend au singe que pour trouver la nourriture il doit simplement aller voir dans la trappe qui se trouve le plus près du petit cylindre. Autrement dit, c'est une tâche de Où : la nourriture n'est pas indiquée par la forme ou la couleur d'un objet, mais uniquement par la position d'un indice. Ensuite, les ennuis commencent pour les singes… En effet, lorsqu'on détruit chirurgicalement le haut du système visuel cérébral, les singes perdent la capacité de réaliser la tâche de Où, mais pas la tâche de Quoi. Inversement, lorsqu'on détruit le bas du système visuel cérébral, les singes perdent la capacité de réaliser la tâche de Quoi, mais pas la tâche de Où. Conclusion, ces deux aspects de la vision reposent bien sur des régions corticales distinctes.

Vous disiez que le système visuel des singes et des hommes est très semblable. On s'attendrait donc à ce que des accidents cérébraux chez l'homme puissent donner le même genre de problèmes que chez les singes dont des zones de cortex ont été détruites. On devrait pouvoir souffrir de problèmes touchant soit le Quoi soit le Où.

C'est exactement le cas, et en fait les neurologues n'ont pas attendu les années 1980 et les macaques pour observer ces situations. À partir de la seconde moitié du XIXe siècle, on a observé des patients qui, du fait de lésions cérébrales diverses, souffraient de toute une variété de pannes de la vision touchant le Quoi ou le Où[2].

Soyons concrets. À quoi ressemble une panne du Où ?

L'exemple le plus frappant est connu sous le nom barbare de « simultanagnosie » (Figure 26). Si j'étais simultanagnosique et que j'essayais de décrire la pièce où nous nous trouvons, je dirais : « Je vois un livre, un verre, un vase… » Si vous me demandiez si le livre est près ou loin, à droite ou à gauche du vase, je ne pourrais pas répondre. Je ne pourrais même pas retrouver le livre que pourtant j'ai bien vu tout à l'heure. Autrement dit, quand mon regard tombe sur quelque chose, je n'ai pas de problème pour reconnaître de quoi il s'agit, mais cet objet n'est plus assigné pour moi à une position définie dans l'espace. Donc, je ne peux pas me faire une idée d'ensemble de la scène, je n'en perçois que des fragments isolés et désorganisés. Comme chez le macaque dont j'ai parlé tout à l'heure, ce sont des lésions du haut du système visuel, de la région du Où, qui entraînent une telle simultanagnosie.

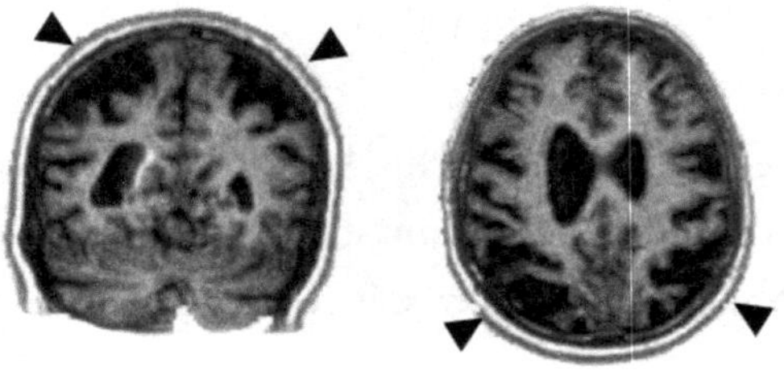

Figure 26. IRM d'une patiente souffrant d'une importante atrophie des régions pariétales. Les larges encoches noires indiquées par les flèches sont des replis du cortex anormalement élargis du fait de l'atrophie, qui affecte le système du Où et entraîne une simultanagnosie.

Je suppose que c'est très handicapant ?

Oui, bien sûr. C'est assez difficile à imaginer : vous êtes à table, et vous n'arrivez pas à trouver ni à saisir le pain, alors même que vous n'êtes pas aveugle et que si vos yeux tombent par hasard sur le pain, vous n'aurez pas de mal à le reconnaître. Vous allez aussi être incapable de circuler, de sortir de chez vous, faute de pouvoir localiser les repères et les objets qui vous entourent.

Existe-t-il d'autres genres de problèmes touchant la localisation des objets ?

C'est très rare, mais il est possible de perdre la vision du mouvement. Ces patients, qu'on appelle akinétopsiques, ne voient les objets que lorsqu'ils sont immobiles. Dès que les objets se déplacent, ils disparaissent ! Une patiente expliquait que lorsqu'elle se trouvait à une réunion de famille, elle voyait les gens apparaître et disparaître sans cesse : elle voit son cousin près du buffet, tout à coup il disparaît, et réapparaît à l'autre bout de la pièce, étant resté invisible pendant tout son déplacement. Difficile aussi de traverser la rue : elle aperçoit une voiture au loin, puis la perd de vue et la voit arriver sur elle à l'instant où elle s'apprête à traverser… Elle faisait aussi déborder les tasses qu'elle remplissait : elle ne pouvait suivre le mouvement ascendant de la surface du liquide, et ne pouvait donc s'arrêter de verser à temps[3]. Ces patients ont parfois l'impression de voir un liquide en train de couler, de l'eau par exemple, comme figé en une cascade de glace. Les lésions qui provoquent une akinétopsie touchent une région bien précise du cortex qui est spécialisée dans l'analyse du mouvement. Cette région n'est nulle autre que la région V5 dont nous avons déjà parlé dans le chapitre « Mouvements illusoires et harmonie des hémisphères ».

Vous avez décrit des pannes de la perception des positions et des mouvements, mais qu'en est-il des pannes de la perception des objets, ce que vous avez appelé le Quoi ?

Le système du Quoi, le bas du système visuel, est lui-même divisé en petites régions spécialisées dans la reconnaissance de divers types d'objets : une région sert à reconnaître les visages, une autre les mots écrits, une autre les maisons et autres lieux, une autre les parties du corps, une autre les objets ordinaires… Si, par exemple, la « région des visages » est détruite, vous allez devenir prosopagnosique (du grec πρόσωπον, « visage »). Je me souviens d'un patient qui avait été victime d'un AVC survenu pendant la nuit et passé inaperçu. Il nous avait expliqué que le matin suivant, il avait vu dans le miroir de sa salle de bains le visage d'un parfait inconnu. Retourné dans sa chambre, il n'avait pas non plus reconnu le visage de sa femme. En revanche, il avait parfaitement reconnu le collier que portait sa femme... Un autre patient m'expliquait qu'il était heureux que son fils de 10 ans joue comme goal dans les matchs de football scolaires. C'était pour lui la seule manière de le reconnaître parmi les membres de l'équipe... Si, en revanche, l'accident avait touché la « région des mots », les visages n'auraient pas été touchés, mais il serait devenu incapable de reconnaître les mots écrits, c'est-à-dire de lire...

Et arrive-t-il que le système du Quoi soit touché de façon globale et que les patients ne puissent finalement rien reconnaître du tout, sans être pour autant aveugles ?

C'est possible. Cela peut provenir de lésions assez étendues touchant le système visuel cérébral des deux hémisphères, notamment à la suite d'interruptions de l'oxygénation cérébrale. Cela arrive par exemple à la suite d'un arrêt cardiaque ou d'une intoxication au monoxyde de carbone par une chaudière défectueuse. Dans un registre différent, avec mon collègue Olivier Martinaud, nous avons travaillé avec une adolescente de 12 ans dont le système du Quoi ne s'était pas développé normalement au cours de son enfance[4]. Elle avait le plus grand mal à reconnaître les objets usuels sans les toucher, elle ne reconnaissait pas le visage de ses propres parents et devait entendre leur voix pour les identifier. Naturellement, elle n'avait absolument pas pu apprendre à lire. En revanche, son système du Où était intact : elle circulait sans problème en rollers dans les couloirs de l'hôpital, zigzaguant entre les obstacles, et était capable de faire des colliers de perles !

Quelle morale en tirer ?

Vous vouliez avoir un survol de l'organisation cérébrale du système visuel : je dirais que le trait le plus frappant est la division du travail entre régions spécialisées. Nous avons l'impression que le monde extérieur se projette dans notre esprit comme un film en cinémascope, en couleur, en mouvement, en 3D et avec le son. Des accidents comme ceux que je vous ai décrits révèlent que derrière cette perception bien unifiée travaillent d'innombrables petits systèmes spécialisés dans tel ou tel aspect du monde extérieur – forme, couleur, mouvement, texture et autres.

DEUXIÈME PARTIE

Entendre, toucher, sentir, goûter

Nous avons donné beaucoup de place à la vision, mais elle n'est pas notre seule fenêtre sur l'extérieur. Comme nous l'avons vu à propos de l'illusion du double flash, elle est même étroitement emmêlée avec les autres sens, en particulier l'audition. Dans les prochains chapitres, nous allons nous tourner vers l'audition, le toucher, l'odorat, le goût, qui contribuent de façon irremplaçable à notre représentation du monde. Pour commencer, l'audition ne pourrait-elle pas remplacer la vision ? Pourrions-nous voir et lire avec les oreilles ? D'où viennent les acouphènes, cette insupportable hallucination auditive ? Et pourquoi est-ce si difficile de mettre un nom sur les odeurs de ce que nous sentons ? Et peut-on soigner la douleur en croisant les doigts ?

CHAPITRE 1

Les chauves-souris et nous

C'est un lieu commun : tout le monde sait que les chauves-souris, qui ont d'ailleurs une assez bonne vue, vivent surtout la nuit et naviguent dans l'obscurité avec une sorte de radar sonore. Elles poussent des cris suraigus, des ultrasons que nous ne pouvons pas entendre, ces sons se réfléchissent sur les obstacles et sont renvoyés aux grandes oreilles de la chauve-souris. Elle utilise ces échos non seulement pour se localiser, mais aussi pour repérer et chasser les insectes dont elle se nourrit. Ce système d'écholocalisation n'a été compris qu'au XXe siècle, même si l'illustre abbé Spallanzani avait prouvé tout à la fin du XVIIIe que les chauves-souris naviguent sans le secours de la vue. Spallanzani avait rendu aveugles des chauves-souris et constaté qu'elles s'en sortaient aussi bien que des chauves-souris normales pour voler dans une pièce fermée, sans se heurter aux murs ni aux obstacles[1]. Il avait, en outre, obturé les oreilles des malheureuses bêtes aveugles et constaté qu'elles continuaient à voler avec autant de sûreté. Il fallut quelques expériences plus soigneuses, réalisées par le Genevois Louis Jurine, pour convaincre Spallanzani qu'il n'avait sans doute pas bien bouché les oreilles de ses chauves-souris et que c'était bien le sens de l'ouïe qui permettait aux animaux aveugles de se repérer dans l'obscurité.

Fort bien, mais si vous nous parlez des chauves-souris, c'est qu'elles ne sont pas les seules à faire de l'écholocalisation...

En effet, certains cétacés mais aussi, dans une certaine mesure, les humains en sont capables. Pour rester au XVIIIe siècle, Denis Diderot, dans sa *Lettre sur les aveugles à l'usage de ceux qui voient*, parle d'un homme aveugle dans les termes suivants : « L'aveugle du Puisaux estime la proximité du feu aux degrés de la chaleur ; la plénitude des vaisseaux, au bruit que font en tombant les liqueurs qu'il transvase, et le voisinage des corps, à l'action de l'air sur son visage. Il est si sensible aux moindres vicissitudes qui arrivent dans l'atmosphère, qu'il peut distinguer une rue d'un cul-de-sac. » À partir des années 1940, des expériences plus rigoureuses ont montré qu'il existe en effet des capacités d'orientation, utilisées en particulier par les aveugles, qui ne sont pas basées sur la vision, ni simplement sur le fait d'entendre les bruits naturels de l'environnement, mais sur l'écholocalisation.

Mais les humains n'émettent pas d'ultrasons, comme le font les chauves-souris !

En effet. Pour les besoins de l'écholocalisation, les hommes doivent produire de petits bruits, en claquant de la langue, mais aussi en frottant les pieds sur le sol, en faisant du bruit avec une canne, en claquant des doigts.

Si je fais un claquement de langue, j'entends évidemment le bruit qui provient de ma bouche, mais cela ne me dit rien de ce qui se passe autour de moi. Que se passe-t-il une fois le bruit émis ?

Ayant quitté votre bouche, le bruit rebondit sur les objets qui vous entourent et revient vers vos oreilles. Cet écho est porteur d'indices potentiellement intéressants. Par exemple, l'intensité du son que vous entendez peut être modifiée par le rebond. Ainsi, le son peut être amplifié si le son réfléchi s'additionne au son d'origine venu directement de votre bouche à vos oreilles. On peut aussi en principe comparer l'intensité du son émis et du son réfléchi. Il y a également de l'information dans le décalage temporel entre l'émission du son et le retour du son réfléchi. On peut encore exploiter le décalage temporel entre le retour du son aux deux oreilles : si le son rebondit sur un obstacle situé à votre gauche, il va arriver plus vite à votre oreille gauche qu'à votre oreille droite. Il existe sans doute d'autres indices utiles, qui ne sont pas tous bien connus.

En pratique, que peut-on percevoir de l'environnement sur la base de ces indices excessivement subtils ?

Des choses utiles, comme la distance d'un obstacle, et la position de cet obstacle. Chez des sujets très experts, on a montré qu'on pouvait arriver à une précision remarquable dans la localisation (Figure 27)[2]. Les sujets sont installés devant deux plaques, placées l'une au-dessus de l'autre, et plus ou moins décalées sur le côté l'une de l'autre. On demande à ces sujets d'indiquer quelle est la plaque qui se trouve à gauche, et laquelle à droite. Des aveugles experts en écholocalisation arrivent à déceler des décalages de seulement 1 à 2 degrés,

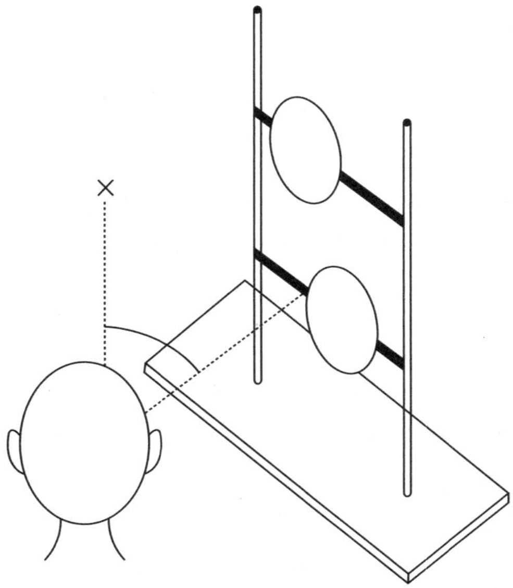

Figure 27. Des sujets aveugles experts peuvent déterminer laquelle des deux plaques est le plus à droite ou le plus à gauche en se fondant uniquement sur les échos qu'elles renvoient.

en se fondant uniquement sur l'écho des bruits qu'ils produisent. Ils sont d'ailleurs d'autant meilleurs qu'ils sont devenus aveugles plus jeunes, et qu'ils ont donc eu le plus de pratique de l'écholocalisation.

Les échos fournissent des informations sur l'endroit où se trouvent les objets. Mais donnent-ils aussi des indications sur la nature des objets : ai-je devant moi une armoire ou un arbre ?

On a montré une certaine sensibilité à la taille et la forme. Par exemple, un grand objet concave ne renverra pas le même écho qu'un petit objet plat. Mais on peut aussi distinguer des matières : un objet en métal ne renverra pas le même écho qu'un objet en bois ou en tissu, qui étouffe le son…

C'est comme si l'écholocalisation donnait une sorte d'équivalent moins précis de la vision ?

Oui, et une étude a montré cela d'une façon très originale, en faisant appel à une illusion bien connue depuis le XIXe siècle (Figure 28)[3]. Si je vous donne des objets de différentes tailles, mais qui ont tous exactement le même poids, et que je vous demande de les soupeser, vous aurez l'impression très nette que le grand cube est plus léger, et que le petit cube est plus lourd. Je vous rappelle qu'ils ont en réalité le même poids. Le principe de l'explication est qu'on s'attend à ce qu'un objet plus gros soit plus lourd qu'un petit. Notre cerveau est donc « surpris » de s'apercevoir que le gros cube est plus léger que prévu, et le petit plus lourd que prévu, et il interprète cela en jugeant, dans l'absolu, que le petit cube est plus lourd que le gros.

Figure 28. Si vous soupesez ces trois cubes de même poids, ils vous sembleront d'autant plus légers qu'ils sont plus gros. Cette illusion fonctionne aussi si la vue est remplacée par l'écholocalisation.

Quel est le rapport avec l'écholocalisation ?

L'étude dont je vous parle a montré que l'illusion marche parfaitement avec des aveugles qui font de l'écholocalisation. On leur a fait « voir » des cubes de différentes tailles et de poids égal avec la technique d'écholocalisation, puis on leur a fait soupeser ces cubes. Exactement comme chez les voyants, les aveugles ont l'illusion que le cube le plus petit est le plus lourd ! Autrement dit, si cette illusion fonctionne, c'est que l'écholocalisation donne réellement une image perceptive de la taille des objets, analogue à ce que fait d'habitude la vision.

Sait-on comment le cerveau fait pour utiliser les échos pour « voir », en quelque sorte, avec les oreilles ?

Vous ne croyez pas si bien dire. Il n'y a pas beaucoup de données disponibles, mais il semble en effet que les aveugles qui font de l'écholocalisation utilisent pour cela les régions visuelles de leur cerveau, c'est-à-dire les régions qui, chez les gens qui ne sont pas aveugles, servent à voir au sens propre. Des chercheurs ont placé un aveugle expert en écholocalisation devant différents objets (un arbre, une voiture…) en lui demandant de faire ses claquements de langue habituels. Ils ont enregistré les sons produits par cette personne, ainsi que les échos renvoyés par les objets[4]. On l'a ensuite placé dans une machine d'IRM et on lui a fait entendre ces différents sons, ce qui est une manière ingénieuse de faire comme s'il utilisait réellement l'écholocalisation à l'intérieur de la machine. Résultat remarquable, les activations cérébrales en rapport avec l'écholocalisation se produisaient dans les régions normalement dédiées à la vision chez les sujets voyants, en particulier dans le cortex visuel primaire (voir, *supra*, Figure 21). Le système visuel continue donc à jouer son rôle dans la perception des formes du monde extérieur, même si les informations ne lui arrivent pas des yeux, mais des oreilles !

Vous parlez surtout des aveugles, mais peut-on faire de l'écholocalisation si l'on n'est pas aveugle ?

Oui, absolument, c'est surtout une question d'entraînement. Naturellement, seuls les aveugles ont une bonne raison d'exploiter toutes les sources d'information non visuelle possibles.

Tout de même, est-ce juste une curiosité, ou bien est-ce vraiment utile pour les aveugles dans la vie quotidienne ?

On pense qu'il y a environ 25 % des aveugles qui utilisent l'écholocalisation[5]. Les chiffres ne sont pas très sûrs, mais c'est tout de même beaucoup, et cela suggère que c'est utile. Par ailleurs, il y a des cas d'aveugles exceptionnellement experts, pour lesquels l'écholocalisation occupe une place importante. Par exemple, il y a un certain Daniel Kish (vous pouvez facilement trouver des vidéos assez remarquables sur Internet), qui est d'ailleurs surnommé Batman. Bien qu'ayant perdu les deux yeux dans sa petite enfance, il arrive grâce à l'écholocalisation à faire du vélo, à circuler en ville, etc. Il a créé une organisation dont le but est d'enseigner et de développer cette technique, afin de donner aux aveugles le maximum d'autonomie. En conclusion, je dirais que ce n'est en aucun cas un substitut de la vue, mais que c'est une source d'information annexe qui, combinée avec les autres techniques de navigation, peut être précieuse chez des gens privés de la vue. Dans le prochain chapitre, nous allons continuer à explorer la question de savoir s'il est possible de voir par les oreilles. L'écholocalisation est une manière « naturelle » de procéder, mais on peut aussi mettre en œuvre une technologie sophistiquée pour essayer de rendre le monde visible aux aveugles, en passant par l'audition…

CHAPITRE 2

Lire avec les oreilles

Comment aborder, avec le point de vue d'un ingénieur, le défi consistant à rendre « audible » le monde visible, à l'usage des aveugles ?

Le premier problème est évidemment que les oreilles ne sont pas sensibles à la lumière, qui est constituée d'ondes électromagnétiques, mais seulement aux sons, qui sont des vibrations de l'air. Il faut donc trouver une manière de transformer les images lumineuses, qui sont normalement transmises par les yeux au cerveau, en images sonores, qui pourront être transmises par les oreilles au cerveau.

Comment concrètement peut-on faire une chose pareille ?

Assez simplement, en fait. Par exemple, une barre oblique qui descend de gauche à droite peut être représentée par un son de plus en plus grave (qu'on appelle justement de façon métaphorique un son qui « descend »). De même, une barre oblique qui monte de gauche à droite peut être représentée par un son… qui monte. Si vous faites entendre les deux sons l'un à la suite de l'autre, vous entendez un son qui descend et qui remonte, ce qui représente une sorte de flèche pointant vers le bas, une forme de V.

On pourrait coder de la même manière n'importe quelle lettre. Par exemple, si le son qui monte et celui qui descend sont joués en même temps et pas l'un après l'autre, cela fait… un X ! Je suppose qu'on peut transformer de cette manière des mots entiers ?

Bien sûr, et si vous vous entraînez, vous allez en principe arriver à reconstituer la forme des mots et à les lire, sur la base d'une information qui passe par les oreilles au lieu de passer par les yeux. Avec ce système, la dimension visuelle haut/bas est transformée en dimension sonore aigu/grave, et la dimension gauche/droite en dimension avant/après.

Et à quel propos nous parlez-vous de cette idée ingénieuse ?

Une équipe de chercheurs de l'Université de Jérusalem dirigée par Amir Amedi, avec lequel j'ai eu le plaisir de collaborer, a publié un article fondé sur ce principe de « vision sonore » (Figure 29). Ils ont créé un dispositif qui comprend une petite caméra vidéo incorporée à des lunettes, un ordinateur portable (qui pourrait être un smartphone), qui transforme l'image en sons selon le principe que nous avons évoqué, et un casque stéréo permettant de faire entendre ces sons. Ils ont utilisé ce système pour essayer de faire « voir » des aveugles ou, de façon plus réaliste, pour essayer de les aider à circuler et à repérer les objets qui les entourent.

Figure 29. Dispositif de substitution sensorielle transformant les images en sons. © Striem-Amit *et al.*, 2012.

Quel genre d'images ont-ils donc utilisé ? Je suppose qu'ils ne se sont pas limités à des barres qui montent et qui descendent…

Vous pouvez trouver sur Internet des vidéos du laboratoire d'Amir Amedi qui illustrent tout cela. Ils ont essayé avec les sons correspondant à des images assez complexes, des formes géométriques, des textures, des objets de la vie quotidienne, etc.

Pour des auditeurs naïfs comme nous, à part pour des formes très simples comme de simples barres, les sons un peu compliqués doivent sonner de façon complètement chaotique…

Oui, surtout au début. Mais après seulement soixante-dix heures d'un entraînement spécialisé, les aveugles parviennent à classer correctement des images en différentes catégories (visages, maisons, outils, etc.). Ils ne peuvent pas reconnaître de quel visage il s'agit, mais ils parviennent tout de même à savoir que c'est un visage et pas une maison. Ils peuvent aussi percevoir d'autres informations importantes, comme la localisation des personnes présentes dans une pièce ou même quelques expressions faciales. Ils parviennent également à lire des lettres, voire des mots entiers.

Ce type de perception fait donc appel à l'ouïe, mais c'est aussi une sorte de vision, puisqu'elle permet de reconstituer la forme des objets. Dans le cerveau, est-ce que ce sont les régions de l'audition ou les régions de la vision qui permettent cette « vision sonore » ?

Les chercheurs israéliens ont utilisé l'IRM fonctionnelle pour répondre à cette question[1]. Naturellement, les régions auditives s'activent puisqu'il s'agit de sons. Mais, chose plus intéressante, les régions du cortex normalement dédiées à la perception visuelle, et dont les fonctions chez les sujets aveugles sont mal connues, sont fortement activées lors de la « vision sonore » de visages, de maisons, de mots, etc. Et non seulement le cortex visuel s'active, mais, en outre, il montre une finesse de spécialisation pour les différentes catégories d'objets. Je m'explique. Il y a une région bien précise du cortex visuel de l'hémisphère gauche, qui est connue pour s'activer (chez les sujets voyants) plus fortement lorsque vous regardez des mots écrits que lorsque vous regardez d'autres types d'objets (Figure 30). Or, c'est très exactement la même région qui s'active lorsque les sujets aveugles lisent grâce au dispositif de « vision sonore ».

Mais alors, pourquoi dites-vous qu'il s'agit d'une partie du cortex VISUEL, puisqu'il sert aussi à lire sur la base de sons ?

En effet. Cela suggère que les régions du cortex qu'on appelle « visuelles » sont en réalité spécialisées dans l'analyse des formes des objets, et qu'elles peuvent exercer cette fonction sur la base d'informations visuelles (comme c'est en général le cas), mais aussi en cas de besoin sur la base d'informations auditives (ou tactiles, comme cela a été montré dans une autre étude). Ces résultats suggèrent qu'il pourrait être possible, moyennant une technologie et une réadaptation appropriées, de « réveiller » certaines régions cérébrales, et d'accéder à certains aspects du monde visuel, même après des années, voire une vie entière de cécité.

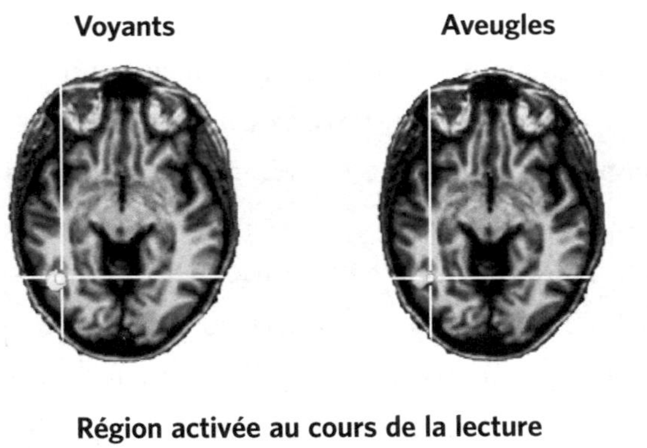

Figure 30. C'est exactement la même région du cortex visuel qui s'active au cours de la lecture normale chez des sujets voyants et chez des aveugles lisant « par les oreilles » grâce à la substitution sensorielle.

CHAPITRE 3

Acouphènes et bourdonnements

Après avoir vanté les mérites de l'audition pour nous informer sur le monde qui nous entoure, voyons un peu ce qui se passe quand le système auditif se déchaîne et crée des sons de toutes pièces…

Dans les informations véridiques que nous apportent les organes des sens peuvent toujours se glisser des parasites, de la friture sur la ligne comme on disait autrefois, qui suscitent des sensations simples et souvent déplaisantes. Si vous gardez les jambes croisées trop longtemps, vous aurez des fourmis dans une jambe, alors qu'il n'y a bien sûr aucune véritable fourmi à l'horizon. Ceux qui ont eu des migraines ophtalmiques connaissent les taches lumineuses qui encombrent le champ visuel, même dans l'obscurité complète. De même, dans le domaine de l'ouïe, il existe un symptôme fréquent et parfois insupportable, dont on pourrait penser que c'est un problème d'oreilles, mais qui en fait trouve son origine dans le cerveau : les acouphènes.

Mais, d'abord, que sont les acouphènes ?

Les acouphènes sont des bruits simples qu'on entend « dans sa tête » ou « dans ses oreilles », et qui n'ont aucune origine dans le monde extérieur. On distingue deux sortes très différentes d'acouphènes. Les acouphènes objectifs correspondent à des bruits réels qui se produisent à l'intérieur du corps, et que nous entendons. Par exemple, il arrive qu'une artère soit rétrécie et que le sang fasse du bruit en y passant, bruit qu'on peut entendre comme un souffle qui pulse au rythme du cœur. Mais ce n'est pas du tout de cela que nous allons parler : nous allons parler des acouphènes subjectifs, c'est-à-dire des sifflements ou des bourdonnements qui sont créés de toutes pièces par le système auditif.

C'est fréquent ?

Très fréquent ! Après 60 ans, 10 à 20 % des gens ont des acouphènes à un moment ou à un autre de leur vie. Le principal facteur qui expose au risque d'avoir des acouphènes, c'est de présenter une perte auditive, autrement dit d'être sourd. Chez les jeunes, la principale cause de perte d'audition, et donc d'acouphènes, ce sont les traumatismes sonores, notamment la musique jouée trop fort. Chez les moins jeunes, c'est la presbyacousie, c'est-à-dire la baisse d'audition qui vient avec les années.

Puisqu'ils sont favorisés par la surdité, c'est donc que l'origine des acouphènes se trouve dans les oreilles ?

C'est ce qu'on a longtemps cru, mais les choses sont un peu plus compliquées. Les oreilles ne sont qu'une partie de l'histoire. Il faut savoir une ou deux choses sur le système auditif pour comprendre les acouphènes. Les sons qui se propagent dans l'air sont des vibrations, plus ou moins amples selon que le son est plus ou moins fort, et plus ou moins rapides selon que le son est plus ou moins aigu. Quand les vibrations parviennent à nos tympans, qui sont des membranes placées au fond des conduits auditifs, elles les font vibrer à leur tour. Les vibrations des tympans sont transmises à l'oreille interne, qui les transforme en signaux électriques, qui passent par les nerfs acoustiques, pour parvenir jusqu'au tronc cérébral et au cerveau. Simplifions et retenons seulement deux étapes : l'oreille interne, puis le cerveau.

Les acouphènes viennent-ils donc de l'oreille interne ou bien du cerveau ?

L'idée actuelle, c'est que les acouphènes viennent d'une combinaison d'une perte d'audition due à un problème d'oreille interne, perte parfois très discrète, et d'une réaction disproportionnée du cerveau. Selon ce scénario, c'est le cerveau qui crée de toutes pièces ces sons imaginaires. On pourrait dire que ce sont des sons fantômes, au même sens qu'un membre fantôme. Vous savez que quand on est amputé d'un membre, on a souvent l'impression que ce membre est toujours présent, comme un fantôme invisible. Et le membre fantôme est souvent douloureux. Les acouphènes et le membre fantôme se ressemblent : dans les deux cas, le cerveau est privé d'informations, en provenance des oreilles dans le cas de la surdité, en provenance du membre dans le cas de l'amputation. Et ce cerveau privé d'informations crée, imagine des sensations, souvent avec une tonalité désagréable : il s'agit selon les cas de douleurs fantômes ou d'insupportables acouphènes.

Sait-on plus précisément ce qui se passe dans le cerveau lorsqu'il « invente » ces acouphènes ?

Il y a plusieurs hypothèses, la réalité est certainement très compliquée, et… on ne sait pas encore bien[1]. Selon une première théorie, on pourrait dire que le cerveau « monte le son » pour compenser la baisse d'audition. Imaginez que vous regardiez un film dans lequel les personnages murmurent tout doucement. Pour mieux entendre, vous allez pousser au maximum le son de votre télévision et, ce faisant, vous allez renforcer et entendre le bruit de fond, une sorte de souffle continu que normalement on n'entend pas. Les acouphènes seraient comparables au bruit de fond du cerveau, qui devient audible quand le volume est monté au maximum pour compenser la surdité. J'avoue que cette explication est un peu trop métaphorique. Le cerveau et une télévision n'ont pas grand-chose en commun…

Avec cette explication, j'ai perdu le parallèle avec le membre fantôme. Si on vous coupe une main, vous sentez une main fantôme, si c'est un pied, un pied fantôme, on ne voit pas le rapport avec le bruit de fond de la télévision…

C'est exact, ce qui nous amène à une seconde explication cérébrale possible des acouphènes. Tout d'abord, je vous rappelle que le cerveau est plein de cartes. Les plus connues sont les cartes du corps, par exemple dans le cortex moteur : la région du cortex qui fait bouger la main est contiguë à celle qui fait bouger l'avant-bras, puis, de proche en proche, le bras, l'épaule et ainsi de suite. C'est ce qui permet de dessiner sur le cortex le fameux homunculus, ce petit bonhomme avec une grande bouche et des mains immenses (Figure 31). Il y a aussi des cartes représentant le champ visuel, comme étalé sur le cortex. Mais ce qui nous intéresse ici, c'est une troisième sorte de cartes, les cartes des sons. Dans le cortex auditif, qui sert à analyser les sons, on voit comme une sorte de clavier de piano : on passe progressivement de zones qui réagissent aux sons graves à des zones qui réagissent à des sons aigus. En général, quand on devient sourd, on perd surtout la perception des sons les plus aigus. Dans ce cas, les zones de la carte qui reçoivent les sons aigus se trouvent plus ou moins au chômage. Ces zones commencent alors à fonctionner de façon sauvage. Par exemple, on a montré qu'elles sont colonisées par les sons voisins, les sons un peu plus graves, qui eux parviennent normalement au cerveau. Quoi qu'il en soit, ce fonctionnement anormal d'une carte des sons partiellement privée des informations qu'elle reçoit d'habitude serait la cause des acouphènes.

Pouvez-vous préciser le rapport avec les membres fantômes avec lesquels vous faisiez un rapprochement ?

Si vous êtes soudainement amputé d'une main, les régions représentant cette main sur les cartes corticales du corps ne vont évidemment pas disparaître. Vous aurez donc toujours l'impression que la main existe, vous la sentirez. Mais cette

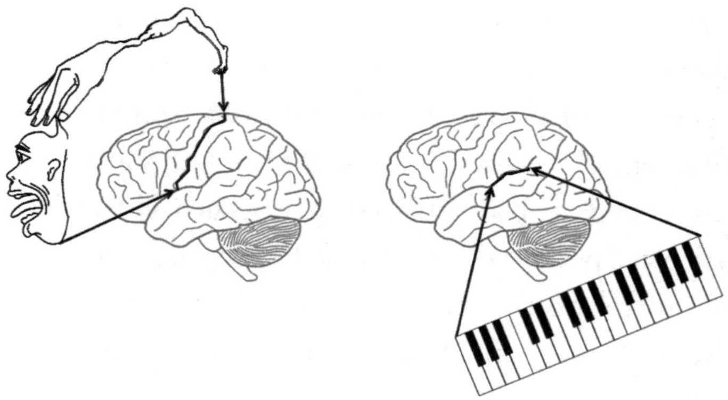

Figure 31. Parmi les multiples cartes qu'il héberge, le cerveau contient dans les lobes temporaux des cartes « tonotopiques » où les différentes hauteurs sonores sont codées en des points distincts du cortex, comme sur un clavier.

carte privée des informations qu'elle reçoit normalement va avoir un fonctionnement anormal, et donner naissance aux douleurs du membre fantôme. De même, les insupportables acouphènes sont comme des douleurs d'un son fantôme[2].

Donc, quels que soient les détails, on pourrait résumer en disant que les acouphènes sont le résultat du fonctionnement aberrant du cortex auditif isolé du monde extérieur par la surdité ?

Oui, sauf que les anomalies cérébrales vont en fait bien au-delà du cortex auditif. Chez des gens qui souffrent d'acouphènes, en imagerie fonctionnelle, on voit des anomalies qui s'étendent dans des régions impliquées dans la conscience, dans les émotions, dans la mémoire. Dans une étude relativement récente, les chercheurs ont travaillé avec un patient de 50 ans qui souffrait de deux problèmes distincts : d'une part, des acouphènes et, d'autre part, des crises d'épilepsie sévères, échappant au traitement médical[3]. Comme c'est le cas dans certaines épilepsies graves, on place des électrodes à l'intérieur du crâne, à la surface du cerveau, pour trouver précisément de quel point du cortex partent les crises. On peut alors proposer un traitement chirurgical qui vise à retirer la région précise de ce point de départ. Bref, chez ce patient, des électrodes ont été mises en place pour le diagnostic de l'épilepsie, et les chercheurs en ont profité pour étudier les acouphènes, en enregistrant l'activité électrique du cerveau pendant des périodes de plus ou moins grande intensité des acouphènes.

Et qu'ont-ils appris ?

Comme souvent dans le domaine de l'électrophysiologie du cortex, les choses sont très compliquées, mais retenons qu'ils ont trouvé des anomalies des ondes cérébrales bien au-delà du cortex auditif. Comme je vous le disais, sont également le siège de phénomènes anormaux des systèmes impliqués dans les émotions (qui rendent les acouphènes insupportables), les systèmes de la mémoire (qui rendent peut-être les acouphènes permanents), les systèmes de la perception consciente (qui permettent aux acouphènes d'envahir le champ de conscience et empêchent d'en détourner l'attention). Et il est probable que tous ces réseaux jouent un rôle dans la création des acouphènes, et dans l'ampleur de la souffrance qu'ils engendrent parfois.

Comment résumer toute l'histoire ?

Les acouphènes sont le résultat d'une sorte de cascade : d'abord, un défaut d'audition, qui entraîne un fonctionnement anormal du cortex auditif, lui-même à l'origine des acouphènes, puis des anomalies qui envahissent des systèmes impliqués dans les émotions et la mémoire. C'est peut-être cette dernière étape qui fait toute la gravité des acouphènes. Le bon côté, du moins en principe, c'est que cette multiplicité d'anomalies constitue des cibles potentielles pour des traitements...

Au fait, comment peut-on traiter les acouphènes ?

Il n'y a malheureusement pas de traitement miracle, mais différentes techniques ont une certaine efficacité : traitement de la surdité, stimulations sonores, médicaments divers, psychothérapie.

CHAPITRE 4

Une grillade imaginaire

Nous avons vu que le cerveau peut créer de toutes pièces des sensations visuelles et auditives, qui ne reflètent pas fidèlement le monde qui nous entoure, mais qui nous dévoilent les arcanes du fonctionnement cérébral. La même chose est vraie dans le domaine des sensations tactiles. Quelle est cette illusion de chaud, de froid et de douleur, que nous allons décortiquer ?

Elle a été découverte en 1896 par un médecin et physiologiste suédois du nom de Thunberg (Figure 32). Elle est un peu tombée dans l'oubli, puis a été de nouveau étudiée depuis une vingtaine d'années. Si vous touchez un objet à 40 °C, vous aurez une sensation de chaleur tout à fait supportable. Si vous touchez un objet à 20 °C, vous aurez plutôt une sensation de fraîcheur. Dans l'illusion de Thunberg, il faut toucher une surface où alternent des bandes chaudes et froides, à 40 et à 20 °C. Ce contact déclenche une sensation de brûlure très désagréable, qui ressemble à la brûlure qu'on ressent en touchant trop longtemps de la neige, par exemple. Pour une raison évidente, cela s'appelle l'illusion de la « grille thermique ».

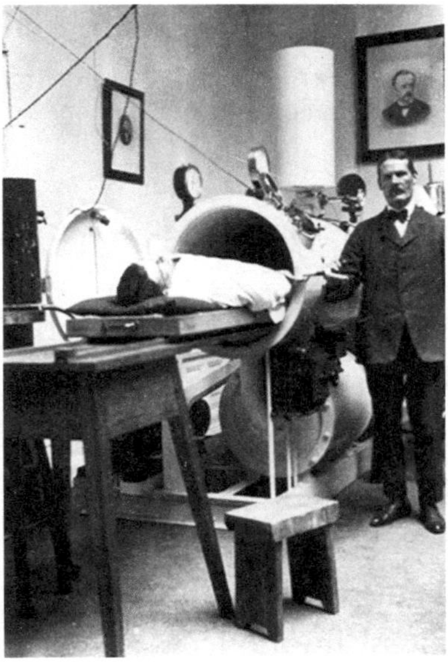
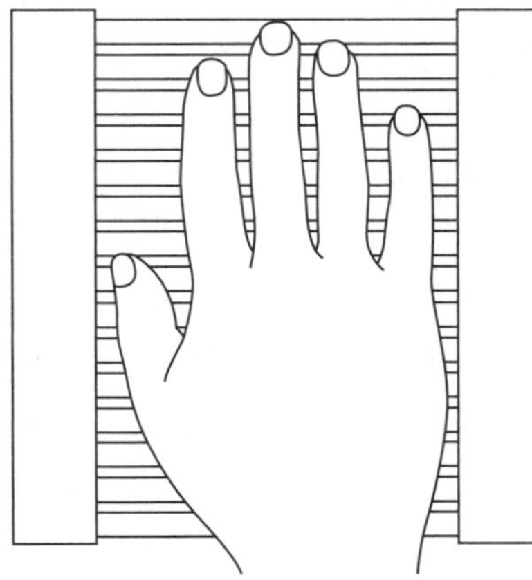

Figure 32. À gauche, Torsten Thunberg dans son laboratoire de physiologie (*D.R.*). À droite, la grille permet d'appliquer sur la peau une alternance de bandes chaudes et froides.

Donc, le chaud ne fait pas mal, le froid ne fait pas mal, mais l'alternance de bandes chaudes et de bandes froides est douloureuse. Sait-on comment cela marche ?

L'idée est schématiquement la suivante. Le cerveau reçoit en permanence des messages en provenance de la peau, qui l'informent en parallèle dans trois domaines : est-ce que ce que je touche est chaud ? est-ce que c'est froid ? est-ce que ça fait mal ? La douleur paradoxale de la grille thermique vient de l'interaction, de la combinaison de ces trois messages simultanés. Le froid, en tout cas un froid raisonnable, diminue la douleur, c'est bien connu. Quand le froid est entouré étroitement par des zones chaudes, le chaud inhibe, supprime cet effet antalgique du froid. Et une sensation douloureuse paradoxale apparaît dans la région qui, en fait, n'est exposée qu'à un froid modéré. J'avoue ne pas avoir trouvé d'explication beaucoup plus claire…

Sait-on où cette douleur illusoire prend naissance dans le cerveau ?

Des chercheurs ont comparé les activations cérébrales pendant la perception de la grille thermique, par rapport à celles liées à la perception séparée de chaud ou de froid[1]. On observe des activations dans le thalamus, noyau placé dans la profondeur du cerveau, où les voies de la sensibilité font un relais et interagissent entre elles avant de parvenir au cortex. Certaines régions du cortex sont aussi impliquées.

Est-ce que cette douleur provoquée par la grille thermique a quelque chose à voir avec des douleurs « normales » qu'on peut ressentir lorsqu'on est blessé ou malade ?

Certaines douleurs s'expliquent facilement. Si je vous pince très fort, je vais stimuler votre peau et les extrémités de vos nerfs d'une façon intense, et le message parvenant au cerveau l'informera d'une façon tout à fait justifiée qu'une agression est en train de se produire. Vous allez ressentir subjectivement cette alerte sous la forme d'une douleur, et vous allez réagir en conséquence. Mais dans certaines situations, une douleur est ressentie alors que la peau n'envoie aucun message de détresse au cerveau. Cela se produit lorsque le système nerveux lui-même engendre une douleur que rien ne justifie dans le monde extérieur. C'est la définition de ce qu'on nomme une douleur neuropathique. Tout cela pour vous dire qu'il y a une certaine parenté entre la douleur de la grille thermique et la douleur neuropathique : dans les deux cas, le cerveau construit une douleur que ne justifient pas les messages provenant de la peau ou d'autres organes. Ce sont en quelque sorte de fausses alertes.

Pouvez-vous donner un exemple concret de ces douleurs neuropathiques, qui naissent du système nerveux lui-même ?

Prenons l'exemple des membres fantômes, déjà mentionnés au chapitre précédent. La plupart des patients qui subissent une amputation accidentelle ou chirurgicale ont un membre fantôme, c'est-à-dire qu'ils ont l'impression que leur membre amputé est toujours là. Or, dans 80 % des cas, le fantôme fait mal, parfois très mal, il démange ou il brûle. C'est un cas extrême de douleur neuropathique, nécessairement créée par le système nerveux, puisque la jambe qui fait mal, par exemple, n'existe plus et n'envoie donc aucun message du tout.

On pourrait dire qu'une douleur est toujours localisée à un endroit bien défini du corps, même si cette partie du corps n'existe plus…

La localisation est en effet une caractéristique fondamentale de la douleur. La douleur est un signal d'alerte. Cette alerte n'est utile que si vous savez où est le point douloureux, d'une part, dans l'espace du corps et, d'autre part, dans l'espace extérieur. Imaginez que je me trouve près d'une flamme et que je me brûle la main droite. Il faut que je retire rapidement la main droite, et pas la gauche, et donc que la douleur soit précisément localisée (à la main droite) au sein de l'image que nous avons de notre propre corps. Mais il faut aussi que je sache où se trouve la partie du corps douloureuse dans l'espace extérieur, pour pouvoir réagir de façon adéquate. Si ma main droite se trouve à droite du feu, je vais l'en éloigner en la déplaçant vers la droite et pas vers la gauche. Si, inversement, elle se trouve à gauche du feu, je ferai le contraire. Donc, pour bien remplir sa fonction d'alerte, la douleur doit être étroitement liée dans le cerveau au schéma corporel et à l'espace.

Comment peut-on étudier objectivement ce lien entre douleur, schéma corporel et espace ?

Des chercheurs ont provoqué des douleurs d'une intensité bien contrôlée en dirigeant un rayon laser sur une main de leurs sujets, et leur ont demandé d'évaluer la douleur sur une échelle de 0 à 100. Ils ont fait cela soit avec les mains placées dans leur position normale, la droite à droite et la gauche à gauche, soit avec les mains croisées[2]. Croyez-le ou non, mais la douleur est moins forte quand les mains sont croisées que quand elles sont du côté normal. Quel que soit le mécanisme exact, cela montre que douleur et position sont étroitement liées. Je dois hélas vous dire que l'effet est réel, mais minime, et que croiser les bras ne va pas beaucoup vous soulager si vous vous pincez le doigt dans une porte.

Ainsi la douleur résulte non seulement des messages qui viennent de la peau elle-même, mais aussi de la position des régions douloureuses dans l'espace. Quel rapport avec l'illusion de la grille thermique dont nous parlions tout à l'heure ?

Des chercheurs ont montré que la création de cette douleur « illusoire » était elle-même soumise à de subtils effets de position dans l'espace[3]. Pour cela, ils utilisent une version simplifiée de la grille thermique et se contentent d'utiliser trois doigts : l'alternance chaud/froid se réduit à chauffer l'index et l'annulaire, et à refroidir le médius (Figure 33). Cela doit déclencher une brûlure dans le médius, qui correspond à la région froide entourée de chaud. Mais ils introduisent une subtilité en rapport avec la position dans l'espace, car ils demandent à leurs sujets de croiser, ou pas, l'index et le médius.

Pourquoi ? Qu'est-ce que cela pourrait changer à l'illusion de brûlure ?

Toute la question est là ! L'illusion ne marche naturellement que si le doigt froid est entouré de deux doigts chauds. Mais que veut dire « entouré » ? Dans la position normale, le médius est entre l'index et l'annulaire à la fois en termes anatomiques et dans l'espace. En revanche, si vous croisez les doigts, le médius se trouve évidemment toujours entre l'index et l'annuaire en termes anatomiques, mais dans l'espace, il se trouve sur le bord, et c'est l'index qui est au milieu. Bref, cette procédure permet de déterminer si ce qui compte pour que l'illusion se produise, c'est que le froid soit entouré de chaud dans l'espace de l'anatomie du corps, ou bien dans l'espace extérieur au sens habituel.

J'avoue que je ne sais pas à quoi m'attendre…

Il s'avère que ce qui compte, c'est la position dans l'espace. Pour que l'illusion de brûlure apparaisse, il faut qu'un doigt froid soit entouré de doigts chauds en termes de position dans l'espace, et peu importe l'anatomie. Par exemple, si l'index est le doigt froid, il ne va brûler que si, étant croisé, il se retrouve entre le médius et l'annulaire.

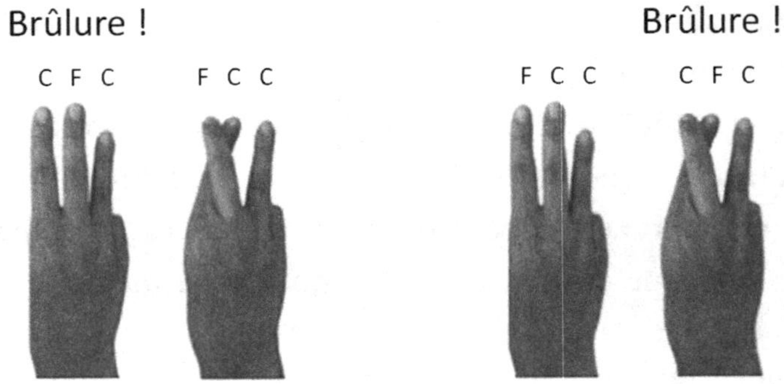

Figure 33. Pour créer une sensation de brûlure, il faut que du froid (F) soit entouré de chaud (C), même au prix d'un croisement des doigts.

Je comprends. Mais admettez qu'un esprit non prévenu pourrait se dire que les neuroscientifiques ont de drôles de manières de passer le temps ! Quelle peuvent bien être les retombées d'un travail comme celui-ci sur le bien-être de l'humanité ?

D'abord, la science fondamentale se justifie en elle-même. En l'occurrence, il s'agit de découvrir les principes de fonctionnement de la perception et de la douleur. Mais ce travail montre également que la douleur en un point du corps ne dépend pas juste de l'information que cette partie du corps envoie au cerveau, mais aussi du contexte. Le contexte ici, c'est ce qui se passe aux alentours de la région douloureuse (le chaud dans les doigts qui entourent le doigt froid), et c'est la position du corps dans l'espace. Peut-être pourra-t-on soulager certaines douleurs, notamment neuropathiques, en appliquant des stimulations à distance des régions douloureuses, et en jouant sur la position des parties du corps[4]. Espérons ne pas en avoir besoin nous-mêmes, et croisons les doigts !

CHAPITRE 5

Les noms des odeurs

Nous avons abordé la vue, l'audition, le tact. Il existe deux autres sens, un peu négligés, l'odorat et le goût. Vous n'avez vraiment rien d'intéressant à nous en dire ?

Vous avez raison de dire qu'ils sont un peu négligés[1]. Si on vous donne le choix entre perdre la vue et perdre l'odorat, personne n'hésitera un instant. Quand quelqu'un est victime d'un accident, et que les compagnies d'assurances doivent l'indemniser, on utilise des barèmes pour quantifier l'invalidité. Or un des barèmes les plus utilisés indique au maximum 5 % d'invalidité pour la perte complète de l'odorat, contre 85 % d'invalidité pour la perte de la vue.

C'est peut-être parce que dans l'espèce humaine l'odorat n'est pas très développé. En tout cas beaucoup moins que dans d'autres espèces animales, paraît-il.

L'odorat a sans doute moins d'importance pour les humains que pour les chiens, mais en fait nous avons tout de même un odorat très sensible. S'il y a une fuite de gaz dans votre cuisine, vous allez la sentir parce que le gaz, par lui-même inodore, a été délibérément parfumé. Or il suffit d'une proportion d'un milliardième de cette molécule parfumée pour qu'on puisse détecter l'odeur. Une proportion d'un milliardième, c'est comme mettre trois gouttes de parfum dans une piscine olympique. Et il existe certaines substances que les humains peuvent détecter dans des proportions encore mille fois plus faibles.

Ce que vous dites, c'est que nous sommes bons pour détecter la simple présence d'une odeur. Mais sommes-nous aussi performants pour distinguer les odeurs les unes des autres ?

Les molécules odorantes, même si leur structure chimique est très voisine, peuvent produire subjectivement des sensations bien différentes. On a fait là-dessus des expériences assez comiques. Par exemple, on a fait porter pendant vingt-quatre heures des T-shirts identiques à cent personnes[2]. Ensuite, on a fait flairer tous les T-shirts par tous les participants. On a ainsi montré qu'il est possible de repérer son propre (si j'ose dire) T-shirt parmi les cent, en se fondant uniquement sur l'odeur. Dans le même registre, on a montré que les maîtres de chiens sont capables de reconnaître leur chien parmi d'autres uniquement à l'odeur[3]. Les maîtres flairant les chiens, c'est un peu le monde à l'envers... Peut-être plus intéressant, les bébés reconnaissent l'odeur de leur mère, et réciproquement, et ce dès les tout premiers jours de vie[4].

Ainsi, même si c'est un sens un peu négligé, nous avons un très bon nez, qui nous permet de reconnaître les choses qui nous entourent, comme nos yeux et nos oreilles.

Comme je vous l'ai dit, nous sommes très performants pour détecter des odeurs et les distinguer les unes des autres. En revanche, nous sommes très mauvais pour identifier des produits sur la seule base de leur odeur. C'est une expérience très facile à faire. Parcourez votre demeure et collectez toutes sortes de produits familiers et odorants : savon, cannelle, chocolat, dentifrice... Faites-les sentir l'un après l'autre, yeux fermés, à qui vous voulez, en lui demandant de nommer chaque produit. Nous avons *a priori* l'impression que cela devrait être extrêmement facile. En réalité, on n'arrive en général à reconnaître qu'un produit sur deux[5]. Les produits les plus familiers sont tout de même plus faciles à reconnaître que les plus rares. En cas d'échec, on a souvent une forte impression de familiarité : « Bien sûr, je connais parfaitement cette odeur », mais ça ne va pas plus loin. Quand on a un mot sur le bout de la langue, on sait qu'on le connaît, et on se rend compte qu'on est à un cheveu de le trouver. Dans le cas des odeurs, il s'agit en quelque sorte d'une « odeur sur le bout du nez » : on ne sait pas ce que c'est, mais on sent qu'on n'est pas loin de trouver...

Qu'est-ce qui peut aider à reconnaître une odeur qu'on a comme cela « sur le bout du nez » ?

Si je vous fais sentir une fraise et que vous n'arrivez pas à la reconnaître à son odeur, il suffit que je vous propose quelques images ou quelques noms (fraise, banane, rose...) pour qu'immédiatement vous repériez que c'est de la fraise qu'il s'agit. Mais, d'un autre côté, comme cette reconnaissance de l'odeur est fragile, elle est sensible à toutes sortes d'influences ou de suggestions. Par exemple, si l'on vous donne à goûter une boisson à la cerise colorée en orange, vous aurez tendance à percevoir un goût d'orange ou d'abricot, alors que si elle est colorée en vert, vous aurez tendance à identifier un goût de citron vert[6]...

Sait-on pourquoi il est plus difficile de reconnaître des objets familiers par leur odeur que par leur aspect visuel ?

On ne sait pas exactement, mais globalement c'est sans doute parce que les voies cérébrales de l'odorat sont très différentes de celles des autres sens. Dans les fosses nasales, les molécules odorantes se fixent sur des neurones, qui se projettent directement sur les bulbes olfactifs, puis sur le cortex, la narine droite à l'hémisphère droit et la narine gauche à l'hémisphère gauche. C'est un circuit beaucoup plus court, et très différent de ce qui se passe avec la vision ou l'audition.

L'odorat est donc un sens qui nous est assez inaccessible à nous-mêmes : difficile de savoir ce que nous sentons, difficile même de décrire une odeur. On peut décrire une image (« c'est rond, c'est vert, c'est petit »), mais, pour les odeurs, on peut seulement faire des comparaisons (« ça ressemble à de la cannelle, à de la fraise... »), sans pouvoir donner réellement de description. C'est comme si l'odorat fonctionnait « à l'insu de notre plein gré »...

De fait, les odeurs auxquelles nous sommes exposés de façon inconsciente ont des effets bien réels sur notre comportement. L'exemple le plus connu est celui de la synchronisation des règles chez des femmes vivant en communauté, comme dans les internats ou les couvents. On a montré que cette synchronisation était due à des substances chimiques produites aux différentes périodes du cycle, et inconsciemment perçues par l'odorat des autres femmes. Autre exemple, les femmes portent un jugement plus positif sur des hommes qu'elles interviewent pour une offre d'emploi si on leur fait sentir en même temps, sans qu'elles le sachent, des phéromones au « parfum masculin ». C'est d'ailleurs une idée assez intuitive que l'odeur joue un rôle dans l'attirance mutuelle, et c'est sans doute le cas même si nous n'avons pas conscience de cette odeur.

Est-ce que l'odorat n'est pas aussi une question d'éducation ? Un amateur de vin est capable de percevoir dans un verre de château-pétrus des arômes auxquels un buveur novice n'est pas sensible.

Exact. Les capacités de détection, de différentiation, et d'identification des odeurs sont modifiées par la pratique et l'apprentissage. Cette expertise a d'ailleurs une contrepartie anatomique. On a comparé les IRM de cerveaux de parfumeurs et de sujets naïfs, et il existe une région du cortex, juste au-dessus des fosses nasales, où la matière grise est plus développée, plus volumineuse, chez les parfumeurs professionnels que chez les naïfs[7]. D'ailleurs, point n'est besoin d'aller chercher des parfumeurs. Même si on ne regarde que des non-parfumeurs, les gens qui ont un meilleur odorat ont un cortex anatomiquement un peu plus développé sur le dessous du lobe frontal[8] que ceux qui sentent moins bien.

CHAPITRE 6

Une langue, ou un couteau suisse ?

Finissons par quelques mots sur le goût. Nous allons changer de style, quitter les finesses de la cognition et vous nous parlerez de la langue, principal organe du goût. Sans oublier ses multiples autres fonctions.

La langue fait environ 10 centimètres tout compris (moins que les 60 centimètres de la langue d'un fourmilier, qui s'en sert pour aller chercher sa nourriture au fond des fourmilières). On ignore souvent que la langue est accrochée à un petit os qui se trouve en haut du cou, l'os hyoïde (ce qui signifie « en forme de U »). Elle peut bouger de façon extrêmement habile grâce à ses 8 muscles, et elle possède un rôle important dans l'alimentation et la parole. Du côté des sensations, elle est évidemment importante du fait de son rôle dans le sens du goût.

Commençons par les mouvements. Évidemment, manger, boire, se nettoyer les dents… Mais quel est exactement son rôle dans la parole ?

Faisons un peu de phonétique. Quand vous prononcez une voyelle, vous laissez de l'air sortir librement de votre bouche comme au travers d'un tuyau. Pour produire les différentes voyelles, vous modifiez juste la forme de ce tuyau, en jouant sur la position des lèvres, du palais, de la mâchoire, mais surtout sur la configuration exacte de la langue, qui peut former une bosse plus ou moins haute, plus ou moins en avant ou en arrière à l'intérieur de la bouche. Par exemple quand vous dites « i », votre langue est haute, avec « a » elle est en bas et avec « é » entre les deux, à mi-hauteur dans votre bouche. Quand vous prononcez une consonne, vous devez boucher plus ou moins complètement le tuyau, et selon l'endroit où vous créez cet obstacle dans la bouche, et selon si l'obstacle est plus ou moins complet, vous aurez différents sons. Par exemple si vous dites « ta », la langue fait un obstacle complet avec le palais, puis le relâche brusquement pour faire le « a ». Si l'obstacle laisse passer un peu d'air, vous prononcerez « sa » et pas « ta ». Si l'obstacle n'est pas formé par l'avant de la langue, mais par l'arrière au contact de l'arrière du palais, vous aurez « ka » à la place de « ta ». Essayez !

Tout le monde est normalement capable de faire les mouvements précis et délicats nécessaires à la parole, mais tout le monde ne sait pas enrouler sa langue en tuyau !

C'est vrai, mais si c'est votre cas, n'en tirez pas une vanité excessive : près de 70 % des gens savent le faire.

Il paraît que cela dépend d'un gène unique, et c'est même souvent donné en exemple d'un caractère qui se transmet génétiquement d'une façon très claire et simple dans les familles. Est-ce vrai ?

Non, en tout cas pas complètement. Il s'est trouvé des gens pour étudier précisément la génétique de l'enroulage de langue. Disons que si vos deux parents savent le faire, vous avez 90 % de chances d'y arriver aussi, et si aucun de vos parents n'en est capable, vous avez environ une chance sur trois de pouvoir vous-même enrouler votre langue. Il y a donc une composante génétique importante, mais pas exclusive : si vous prenez de vrais jumeaux, dont le patrimoine génétique est identique, il arrive qu'ils soient discordants, que l'un puisse et pas l'autre.

Et je suppose qu'il y a des maladies neurologiques qui empêchent le bon contrôle des mouvements de la langue ?

Tous les muscles de la langue sont commandés par deux nerfs, l'hypoglosse droit et l'hypoglosse gauche. Si un de ces nerfs est endommagé le long de son trajet, la moitié de la langue sera paralysée et amincie : si vous demandez alors au patient de tirer la langue, elle va être déviée vers le côté paralysé, parce que chaque nerf commande des muscles qui poussent vers l'extérieur la moitié de langue dont ils s'occupent.

Mais en amont du nerf lui-même, je suppose qu'il peut y avoir des pathologies cérébrales qui gênent la commande des mouvements de la langue ?

Il y a même toute une variété de symptômes possibles : pas seulement des paralysies, mais aussi des mouvements anormaux, comme les tremblements qu'on peut voir dans la maladie de Parkinson. Il existe aussi ce qu'on appelle des dyskinésies. Ce sont des sortes de mouvements de tortillement incontrôlables qui peuvent toucher la langue, mais aussi s'étendre au reste du visage, voire au-delà. Ces dyskinésies sont un effet indésirable possible des médicaments neuroleptiques.

Voilà pour les mouvements. Dites-nous maintenant comment fonctionne le sens du goût, pour lequel la langue est évidemment essentielle[1].

En deux mots, les molécules des aliments sont dissoutes dans la salive et arrivent au contact des cellules du goût, qui sont placées, par petits paquets de 50 ou 100, sur les papilles qui recouvrent la langue. Ces cellules gustatives portent à leur surface de grosses molécules, qu'on appelle des récepteurs, qui détectent la présence des molécules alimentaires. L'information est transmise à des neurones qui la transportent jusqu'au cerveau. D'ailleurs, cela ne passe pas par les mêmes nerfs que ceux qui servent au contrôle des mouvements.

Comme on l'apprend à l'école, il existe quatre saveurs que peut détecter la langue : le sucré, le salé, l'acide et l'amer, qui sont répartis sur la langue selon une carte bien précise, avec le sucré à l'avant, l'amer à l'arrière, etc. ?

Sans vous offenser, dans ce que vous dites, il y a deux lieux communs inexacts. Le premier, c'est qu'il n'y a pas quatre saveurs fondamentales, mais cinq (voire six selon certains) : les quatre classiques plus l'umami !

L'umami ?

Comme son nom le suggère, c'est une saveur qui a été identifiée au Japon au début du XXe siècle par le professeur Ikeda (*umami* signifie à peu près « savoureux »). C'est une saveur qu'on peut décrire comme une sorte de goût de bouillon de poule et, surtout, c'est une saveur qui se combine aux autres pour rendre les plats globalement plus savoureux. Ajouter de l'umami est la raison d'être du glutamate, très utilisé dans la cuisine orientale. C'est d'ailleurs le professeur Ikeda qui a identifié le glutamate comme une excellente source d'umami, en l'extrayant des algues traditionnellement utilisées dans la préparation d'un bouillon particulièrement savoureux.

Donc, il n'y a pas quatre mais cinq saveurs ?

Certains disent qu'il y en a même une sixième : le goût du gras. Et puis il y a des sensations qui passent par la langue, mais qui ne sont pas du domaine du goût, mais plutôt du toucher : la texture des aliments, le froid de la menthe, la brûlure du piment. Ce sont des choses que vous pouvez même ressentir avec la peau, ce n'est pas vraiment du domaine du goût.

Mais vous me disiez que j'étais victime de deux lieux communs. Quel est l'autre ?

C'est que vous parlez d'une sorte de carte de la langue, avec une répartition bien précise des saveurs selon les zones, sucré à la pointe, etc. Or ce n'est pas exact. Il y a peut-être de légères différences, mais en fait toute la surface de la langue est capable de percevoir toutes les saveurs.

TROISIÈME PARTIE

Le retour de la bosse des maths

Voir, entendre, toucher, pour percevoir ce qui nous entoure : il n'y a rien là de propre à l'espèce humaine. Les macaques voient, entendent et palpent sans doute (à peu près) comme nous. Nous allons maintenant nous tourner vers un domaine qui connaît chez les humains un développement sans égal : la manipulation des nombres, le calcul mental, les mathématiques. Quels sont les mécanismes cérébraux du calcul ? Comment des accidents cérébraux peuvent-ils nous faire perdre la maîtrise des nombres ? Comment aider nos enfants à apprendre les maths sans tomber dans la terrible « phobie des maths » ? Mais commençons une fois de plus par un peu d'histoire...

CHAPITRE 1

Sans famille ou la vie de Jacques Inaudi

Je vais vous raconter la vie d'un calculateur prodige, peut-être le plus connu, Jacques Inaudi. C'est une vie assez passionnante d'un point de vue historique. La vie de ce petit garçon italien pauvre a croisé celle des grands hommes les plus fameux de la neurologie parisienne du XIXe siècle, Paul Broca et Jean-Martin Charcot[1].

L'histoire commence donc en Italie ?

Oui, Giacomo Inaudi naît en 1867 dans une famille très pauvre de la région du Piémont (Figure 34). Sa mère meurt lorsqu'il n'a que 5 ans. Mais avant d'avancer dans la vie de Jacques Inaudi, remontons de soixante ans, jusqu'au tout début du XIXe siècle. C'est la période de la gloire de F. J. Gall, le père de la phrénologie. Gall avait développé l'idée que les différentes parties du cerveau remplissent des fonctions différentes – langage, émotion, audition et musique, et bien d'autres. C'est une théorie qui est connue sous le nom de phrénologie. L'idée d'une spécialisation des différentes régions cérébrales a été largement confirmée par la science moderne, mais à l'époque de Gall, il était presque impossible de déterminer de façon objective quelles étaient les fonctions des différentes zones du cerveau. Gall lui-même s'est livré à des conjectures assez farfelues. Notamment, il a affirmé que le sens des nombres, les capacités de calculer reposeraient sur une région du cerveau située à l'angle entre les tempes et le front.

Pourquoi là plutôt qu'ailleurs ?

Gall raconte que la première observation qui l'ait mis sur la piste, c'est un petit garçon qu'on lui avait présenté lorsqu'il vivait encore en Autriche – avant de venir se fixer à Paris et d'y rencontrer le succès. Cet écolier de 9 ans était le fils d'un modeste forgeron et était connu pour ses incroyables dons de calculateur. Il pouvait faire de tête des additions et autres multiplications affreusement compliquées. Gall raconte d'autres anecdotes du même genre et explique qu'il avait observé, dans tous ces cas, une sorte de bosse placée sur le crâne juste en

Figure 34. Trois images de Jacques Inaudi. De droite à gauche, une photo à l'âge adulte, une gravure d'Inaudi enfant, la tête artificiellement grossie, et un schéma sans doute très inexact de la forme de sa tête (*D.R.*).

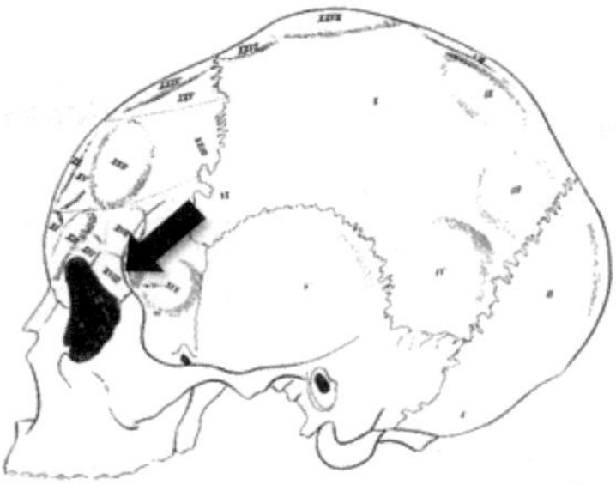

Figure 35. Sur ce schéma phrénologique, Gall a placé la « bosse des maths » à l'endroit portant le numéro XVIII, indiqué par une flèche.

dehors des yeux, et que, de ce fait, les paupières couvraient la partie extérieure des yeux (Figure 35 ci-dessus). Il prétend avoir confirmé cette observation de façon répétée par la suite et trouvé ainsi la position de la fameuse, unique et véritable « bosse des maths ». L'expression « bosse des maths » est d'ailleurs un héritage direct de Gall et de la phrénologie, qui persiste depuis deux siècles dans le vocabulaire courant. Selon Gall, cette bosse révèle un développement important de la région du cortex qui se trouve juste en dessous et qui, selon lui, est donc la région des mathématiques.

Ainsi, on pourrait dire que l'observation de calculateurs prodiges par Gall est la toute première des recherches sur les mécanismes cérébraux du calcul mental ?

En effet. Au cours du XIXe siècle, pour prendre l'exemple de ce qui se passait à Paris, plusieurs calculateurs extraordinaires ont été examinés par l'Académie des sciences avec, en arrière-plan, plusieurs questions (comment font-ils pour calculer ? qu'y a-t-il de spécial dans leur cerveau ?), cela souvent avec une référence à la théorie des bosses et des localisations de Gall. C'est dans ce contexte qu'est arrivé le petit Jacques Inaudi.

Reprenons sa biographie : né en 1867 dans une famille pauvre italienne…

À la mort de sa mère, il est allé garder des moutons. Il raconte dans ses souvenirs que c'est à ce moment qu'il a commencé à jouer dans sa tête avec les nombres. Fait important, il ne savait pas lire et ne connaissait donc les nombres que par leurs noms. Son frère lui avait seulement appris à compter, d'abord jusqu'à 100, puis au-delà. Ensuite, on entre dans le roman *Sans famille* d'Hector Malot. Les trois frères orphelins (Jacques n'a que 7 ans) partent pour le sud de la France, où ils mendient et jouent de l'orgue de Barbarie. C'est alors que Jacques commence à utiliser ses dons de calculateur pour épater les passants et en tirer quelques sous. La petite troupe arrive à Marseille où Jacques, plutôt que de continuer à faire le cireur de chaussures, commence à se produire dans les cafés. Par exemple, un consommateur lui donnait sa date de naissance et Jacques calculait aussitôt combien avait duré sa vie, non pas en années ou en mois, mais en minutes !

C'est à ce moment que cette vie pathétique se transforme en *success story* ?

Nous sommes en 1879, Jacques Inaudi a 12 ans, et on commence à parler de lui dans les journaux. Il est embarqué par un imprésario, qui le fait monter à Paris. Non seulement il continue à se produire en public, mais il entre alors en contact avec les milieux savants. Je vous ai dit que plusieurs calculateurs prodiges avant lui avaient passionné les savants et l'Académie des sciences. En 1880, il est présenté par Paul Broca, une gloire de la science et de la médecine française, à la Société d'anthropologie, une société dont le but était l'étude de la nature humaine d'un point de vue scientifique. En bref, Broca a essayé de comprendre comment faisait le jeune Inaudi pour calculer et il a en effet tiré au clair certaines de ses techniques.

Comment faisait-il donc ?

Apparemment, ses deux outils étaient la mémoire et la multiplication. Par exemple, Broca lui a demandé de calculer la racine carrée de 65 536 (qui est 256, comme vous le savez !). En l'observant et en discutant avec lui, il a reconstitué sa manière de faire. Inaudi connaissait par cœur un certain nombre de carrés, ce qui lui a permis de voir que ça devait être entre 250 (dont le carré est 62 500) et 260 (dont le carré est 67 600). Ensuite, il en a essayé plusieurs, 251 × 251, 252 × 252, etc. Voyant que 254 était trop petit et 257 trop grand, il a supposé que la réponse était 255, et c'est la réponse qu'il a proposée à Broca. Celui-ci lui a fait remarquer son erreur, il lui a fait observer qu'en multipliant un nombre qui se termine par 5 par lui-même, on ne peut pas trouver un nombre qui se termine par 6, mais forcément un nombre qui se termine lui-même par 5. Inaudi n'a absolument pas compris ce que Broca voulait dire par là, et celui-ci s'est alors aperçu qu'Inaudi n'avait aucune idée de l'arithmétique au sens habituel du terme.

Vous nous avez dit qu'il ne savait pas lire ni écrire. Alors comment pouvait-il même faire des multiplications ?

La plupart des calculateurs prodiges ont un « style visuel », c'est-à-dire qu'ils se représentent mentalement les chiffres, plus ou moins comme s'ils les voyaient écrits distinctement dans leur tête, un peu comme sur un tableau noir mental, et ils se servent de cette représentation pour calculer. Inaudi, en revanche, qui était illettré, se représentait les nombres comme des mots parlés, qu'il entendait d'ailleurs dans sa tête comme prononcés par sa propre voix. Il avait trouvé de lui-même des moyens de faire des multiplications avec ces nombres sous forme auditive.

On dit souvent que les calculateurs prodiges sont des autistes avec un don particulier, ce qu'on appelait de façon un peu désagréable des « idiots savants ». C'était le cas d'Inaudi ?

Certainement pas. Il est décrit par tous ceux qui l'ont rencontré comme un garçon intelligent, vif, très à l'aise en société, notamment sans aucune des difficultés dans le domaine des relations sociales qui sont la marque des autistes dits « de haut niveau[2] ».

En deux mots, quelle a été la suite de la vie de Jacques Inaudi ?

Entre 1880 et 1890, il a appris à lire et à écrire, et a continué à faire des progrès en calcul mental. En 1892, il a été examiné par un autre grand nom de la neurologie, l'illustre professeur Charcot. Comme Broca, Charcot a insisté sur le rôle de la mémoire dans les capacités d'Inaudi. Celui-ci a mené toute sa vie une carrière d'athlète du calcul et de la mémoire, de « mnémoniste » de music-hall. Il a pris sa retraite à Champigny-sur-Marne, où il est mort en 1950.

Pour conclure, revenons à ce que vous nous disiez au début de ce chapitre. Au XIXe siècle, beaucoup de ceux qui se sont intéressés à Jacques Inaudi se posaient des questions phrénologiques et se sont donc intéressés à la forme de son crâne et à ses bosses. Sait-on quelle était la forme du crâne d'Inaudi ? Avait-il au moins la fameuse bosse des maths ?

Bosse qui n'existe pas, je vous le rappelle. Les gens qui l'ont rencontré à son arrivée à Paris, alors qu'il était un jeune garçon, lui ont trouvé une grosse tête, avec un front particulièrement proéminent, surtout à gauche (voir, *supra*, Figure 34). C'est un trait qui a certainement été exagéré sur ses portraits, ainsi que sur un schéma de son crâne dessiné quand il avait 12 ans, schéma qui lui prête un crâne tout à fait difforme. Sur ses photos prises à l'âge adulte, il a un air parfaitement normal. C'est d'ailleurs ce qu'avait conclu Charcot lui-même, qui n'avait nulle envie de relancer la mode peu sérieuse de la phrénologie. Dans le chapitre suivant, nous allons mettre à jour cette idée de « bosse des maths ». On connaît aujourd'hui un certain nombre de régions cérébrales impliquées dans le calcul mental. Ce ne sont pas celles proposées par Gall et, de toute façon, le fait d'être bon en maths ne se révèle en aucun cas par une bosse !

CHAPITRE 2

La bosse des maths n'existe pas, mais où est-elle ?

Nous avons donc quitté le temps de la phrénologie, et nous savons que la bosse des maths n'existe pas. Mais nous aimerions tout de même bien savoir où elle se trouve…

Ne parlons plus de bosse des maths, mais plutôt de ce qu'on peut appeler le « sens du nombre ». Si vous voyez d'un côté 3 poires et de l'autre 8 oranges, vous allez au premier coup d'œil voir où il y a le plus de fruits. C'est évidemment une capacité de base extrêmement importante, par exemple pour s'alimenter (choisir l'arbre où il y a le plus de fruits) ou échapper au danger (éviter d'affronter une troupe d'adversaires trop nombreux).

Cela devrait être utile aux humains, mais pas seulement…

On a en effet montré que les animaux les plus divers, depuis les cafards et les salamandres jusqu'aux pigeons, aux lions ou, évidemment, aux singes, ont cette capacité d'appréciation des nombres. Et dans l'espèce humaine, avant même d'avoir appris à parler, en fait dès les tout premiers jours de vie, on a montré que les bébés ont une perception des quantités. Ensuite, et c'est la particularité de l'espèce humaine, ces capacités élémentaires de perception des quantités vont se combiner avec le langage et le raisonnement pour permettre de développer de réelles compétences mathématiques. Mais le sens animal des quantités reste un ingrédient fondamental des capacités mathématiques. Par exemple, si l'on demande à des adolescents de décider s'il y a plus de points noirs ou de points blancs sur un écran, ils ne seront pas tous aussi bons. Or ceux qui sont les meilleurs dans cette simple tâche de perception des quantités sont aussi les meilleurs en maths, et inversement[1].

Y a-t-il des régions particulières du cerveau qui sont responsables de cette capacité à apprécier les quantités, ce sens animal des quantités ?

Depuis quelques années, on sait qu'une région est particulièrement importante, située dans le lobe pariétal, plus précisément dans un profond repli connu sous le nom de sillon intrapariétal. On l'a d'abord su parce que des patients chez qui cette région est endommagée, par exemple par un accident vasculaire, peuvent devenir « acalculiques », c'est-à-dire souffrir de difficultés dans le domaine des nombres et du calcul. Plus récemment, l'imagerie cérébrale a montré que cette région s'active dès qu'on doit faire des calculs mentaux impliquant la manipulation de quantités. Chez les macaques, on a même pu enregistrer l'activité de neurones individuels pendant que des singes regardaient des objets en nombre variable (Figure 36). On a trouvé des neurones qui s'activent de façon préférentielle quand le singe voit 1 objet, d'autres quand il voit 2 objets, ou 3 objets, etc. On suppose que nous autres humains avons le même genre de neurones.

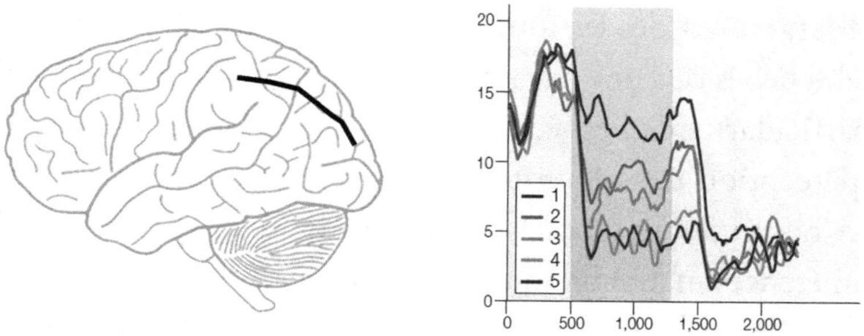

Figure 36. À gauche, le sillon intrapariétal qui héberge notre représentation des quantités. À droite, les courbes reflètent l'activité d'un même neurone (qui préfère le nombre 1) lorsqu'un macaque voit 1, 2, 3... objets.

Chez les humains, il est presque impossible d'enregistrer des neurones uniques comme on peut le faire chez le singe. Y a-t-il moyen, avec l'imagerie fonctionnelle, de voir comment sont organisés ces fameux neurones détecteurs de 1, 2, ou 3 ?

Ben Harvey et ses collègues de l'Université d'Utrecht ont publié un article remarquable sur ce sujet[2]. Sur un écran, ils ont présenté à des sujets placés dans une machine d'IRM des ensembles de 1 à 20 points (voir, *infra*, Figure 37). Comme vous le voyez, pour chaque nombre de points, il y a toute une variété d'images, avec des points grands ou petits, dispersés ou regroupés, de forme identique ou différente. La raison d'être de cette diversité d'images est de s'assurer qu'on mesure bien les activations liées au nombre d'objets, et pas à des choses qu'il serait facile de confondre avec le nombre, comme la proportion de noir dans l'image.

Je suppose qu'ils ont trouvé que le lobe pariétal s'active... mais, cela, vous nous avez dit qu'on le savait déjà. Qu'ont-ils donc trouvé de nouveau ?

Ils ont utilisé une machine d'IRM particulièrement puissante, mais aussi des méthodes d'analyse sophistiquées, pour chercher précisément, à l'intérieur du lobe pariétal, quelles régions ont une préférence pour le nombre 1, ou 2, ou 3, etc. Ils ont trouvé, c'est là la principale nouveauté, que ces préférences sont organisées selon une carte bien régulière (Figure 37). Vous voyez un zoom sur cette carte qui fait quelques centimètres carrés, chez un sujet pris comme exemple. Si on va du milieu du cerveau vers le côté, vous voyez des bandes, qui correspondent à une préférence pour des nombres de plus en plus grands (2 en gris clair, 5 en gris foncé). On trouve cette même organisation en bandes chez tous les sujets : quand on va du milieu vers le côté, on observe une préférence pour des nombres de plus en plus grands.

Il me semble qu'il y a un problème logique. Si vous avez une région pour 1, une autre pour 2, et que vous continuez comme ça jusqu'à 100 et pourquoi pas à l'infini, il n'y aura pas assez de place dans tout votre cerveau pour contenir tous les nombres.

C'est exact. Mais heureusement, la place affectée à tous les nombres n'est pas la même. En fait, plus les nombres sont grands et plus l'espace dont ils bénéficient est petit, et plus cet espace est partagé avec les nombres voisins. En forçant un peu le trait, le nombre 2 occupe beaucoup de place, et il est le seul à activer cette région du cerveau. Ni des images avec 1 point ni des images avec 3 points, ses voisins numériques,

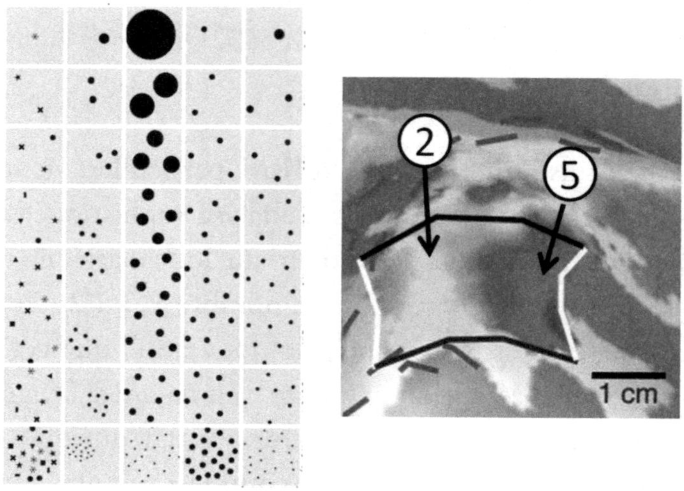

Figure 37. À gauche, exemples des stimuli numériques utilisés dans cette expérience. À droite, zoom sur le sillon intrapariétal montrant des bandes de cortex qui s'activent lors de la perception de 2 ou 5 objets.

ne vont activer son domaine. En revanche, le 10 aura une région nettement plus petite, et qui sera activée presque autant par ses voisins, le 9 ou le 11. Cette « compression » des grands nombres permet se représenter mentalement toutes les quantités, petites ou grandes, mais au prix d'une perte de précision pour les grands nombres.

Concrètement, comment se manifeste cette perte de précision ?

Imaginez que je vous montre un tas de 10 points blancs et un tas de 11 points noirs, pendant seulement un bref instant, sans vous laisser le temps de les compter un par un. Vous serez presque incapable de dire s'il y avait plus de blancs ou plus de noirs. En revanche, si je vous montre 2 points blancs et 3 points noirs, vous allez immédiatement percevoir la différence de nombre, alors que la différence est la même entre 10 et 11 et entre 2 et 3. Autrement dit, plus les nombres sont grands, moins est précise notre capacité à les évaluer.

Avons-nous dans le cerveau d'autres cartes aussi proprement organisées que celle-ci, avec ses nombres bien rangés du plus petit au plus grand ?

Notre cerveau est rempli de cartes magnifiquement organisées. La plus célèbre est celle de notre propre corps, le fameux homunculus (« petit bonhomme », en latin) selon lequel est organisée la zone du cortex qui s'occupe de la perception tactile et des mouvements des différentes parties du corps (voir, *supra*, Figure 31). Mais il y en a bien d'autres. Pour la vision, nous avons des cartes qui ressemblent à des projections du monde qui nous entoure sur de petits écrans à la surface du cortex. Pour la perception des sons, nous avons des cartes où les sons sont organisés du plus grave au plus aigu, et j'en passe. D'ailleurs, il est intéressant de remarquer que sur toutes ces cartes, les choses pour lesquelles nous avons besoin du maximum de précision se voient attribuer une plus grande surface de cortex. Sur les cartes du corps, la main, qui est très sensible et capable de mouvements très subtils, occupe elle aussi une place importante. Sur les cartes du monde visuel, la petite zone centrale de notre champ visuel, qui nous sert à reconnaître les objets, les visages, les mots écrits, occupe un espace cortical beaucoup plus étendu que les parties périphériques du champ visuel. Sur la carte des nombres, les petits nombres, qu'il est important de distinguer précisément les uns des autres, occupent une place importante. C'est ce que nous avons de plus proche d'une bosse des maths[3]...

CHAPITRE 3

Monsieur N., l'approximateur

Vous nous avez dit qu'avant l'avènement de l'imagerie cérébrale l'étude de patients souffrant de lésions cérébrales avait permis d'étudier et de localiser notre « sens des nombres », notre capacité à manipuler les quantités. Pouvons-nous entrer dans les détails du cas d'un tel patient ?

Voici donc une histoire vraie. Monsieur N. était agent d'assurances, âgé de 40 ans[1]. Il a été victime d'un accident de voiture. Sa tête a heurté le pare-brise, et son hémisphère gauche a été endommagé de façon irréversible (Figure 38). Il a conservé des séquelles sévères : paralysie partielle de la moitié droite du corps, perte de la vision dans la moitié droite du champ visuel. Comme chez la majorité des droitiers, son hémisphère gauche était le siège des mécanismes du langage, et la lésion a entraîné des difficultés dans l'usage de celui-ci, autrement dit une aphasie. J'ai fait la connaissance de Monsieur N. trois ans après son accident. Son état s'était partiellement amélioré depuis l'accident, et il venait à l'hôpital faire le point.

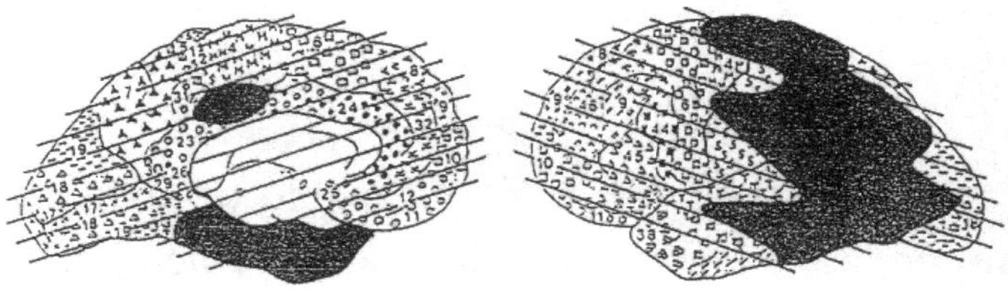

Figure 38. Schéma de la vaste lésion hémisphérique gauche de Monsieur N.

Qu'est-ce qui a attiré votre attention quand vous avez fait la connaissance de Monsieur N. ?

À cette époque, que les moins de 20 ans ne peuvent pas connaître, mon collègue Stanislas Dehaene et moi-même nous intéressions aux mécanismes du calcul mental. Les nombres nous semblaient offrir une voie d'approche simplifiée vers les mécanismes du langage en général. En effet, les nombres ont un vocabulaire (1, 2, 3, 7…), une signification (10 kilos, c'est une quantité un peu plus importante que 9 kilos), des règles de combinaison ([10 + 2] × 3 = 36), mais dans une version bien plus simple que le vocabulaire, la signification et les règles grammaticales du langage. Or le bilan que Monsieur N. était venu réaliser à l'hôpital montrait qu'il s'en sortait mieux avec les nombres qu'on ne s'y serait attendu compte tenu de la sévérité de son aphasie. Par exemple, sous la dictée, il était incapable d'écrire un seul mot, alors qu'il s'en sortait à peu près pour écrire les nombres en chiffres arabes. Par exemple, il a écrit 1865 alors qu'on lui avait demandé d'écrire 1845. Nous avons alors essayé de décortiquer le mieux possible ce qui fonctionnait et ce qui ne fonctionnait pas dans les capacités numériques de Monsieur N.

Est-il possible de résumer de façon simple ce qui marchait et ce qui ne marchait pas ?

En gros, Monsieur N. était incapable de manipuler les nombres de façon exacte, mais il restait capable de le faire de façon approximative. Voici quelques exemples. Lorsqu'on lui posait des questions portant sur sa connaissance du monde, il se trompait très souvent, mais de peu : selon lui, le mois de janvier avait 15 ou 20 jours, un quart d'heure 10 ou 20 minutes, une heure 50 minutes, une année 350 jours, et même une douzaine d'œufs 6 ou 10 œufs, et une main 4 doigts ! Mais jamais il n'aurait dit qu'une main comportait 45 doigts. Ses réponses, même fausses, étaient toujours du bon ordre de grandeur.

Il avait donc une idée approximative des quantités. Avec cela, était-il capable de faire ce qu'on appelle du calcul mental, c'est-à-dire des additions, des soustractions, des multiplications ?

Il était presque uniquement capable de faire des additions élémentaires, mais d'une manière très particulière. Nous avons montré à Monsieur N. des additions très simples, en lui proposant chaque fois un résultat. Certaines additions étaient correctes (2 + 2 = 4), d'autres étaient très fausses (2 + 2 = 9) et d'autres, enfin, étaient « légèrement » fausses (2 + 2 = 5). Le patient devait simplement décider si le calcul était juste ou faux. Là encore, il était dans l'approximation : il rejetait presque toujours les calculs très faux, pour lesquels il « voyait » tout de suite que le résultat proposé était impossible. En revanche il acceptait de la même manière les calculs exacts et les calculs faux de peu.

Monsieur N. avait donc perdu la capacité de manipuler les nombres de façon précise, tout en restant capable de le faire de façon approximative. En prenant un peu de recul, on peut se demander quel intérêt il y a à s'encombrer de deux systèmes de calcul mental différents, l'un précis et l'autre imprécis ?

Comme nous l'avons vu au chapitre précédent, la manipulation des nombres est une capacité vitale, que nous partageons avec les animaux non humains, ainsi qu'avec les bébés humains nouveau-nés[2]. Ainsi, si l'on fait entendre à des bébés de deux jours des séries de 4 sons, ils préfèrent ensuite regarder un écran avec 4 points, plutôt qu'un écran avec 12 points. Cela indique que la notion de nombre existe déjà, puisque la seule chose qu'ont en commun 4 sons et 4 points, c'est justement le nombre 4.

Ces compétences numériques des animaux et des bébés correspondent-elles au système précis, ou bien au système imprécis, celui qui fonctionnait encore chez Monsieur N. ?

Les bébés et les animaux partagent le système approximatif. Je vous ai dit que les nouveau-nés font la différence entre 4 objets et 12 objets, c'est-à-dire entre des nombres qui diffèrent du simple au triple. En revanche, ils ne font pas la différence entre 4 et 7, par exemple. Le temps passant, cette connaissance des nombres va s'affiner. Six mois plus tard, les bébés peuvent distinguer des nombres qui diffèrent seulement du simple au double, et ainsi de suite.

Et nous autres, adultes humains très savants, avons-nous perdu ce système approximatif ?

Nullement. Vous le voyez bien quand vous comparez, sans prendre le temps de les compter, deux tas de cailloux ou de gâteaux. Quand la différence est assez forte, le plus grand tas saute aux yeux. Si la différence est faible, cela n'a rien d'évident. C'est un système approximatif.

Mais nous autres, les fameux adultes humains très savants, nous savons aussi faire des calculs compliqués et parfaitement exacts, comme 98 672 × 387. D'où provient cette capacité ?

Une fois qu'ils ont appris à compter, c'est-à-dire à associer à des quantités des noms de nombres (« cinquante-deux ») et les chiffres arabes (52), les enfants peuvent sortir complètement du flou inhérent au système approximatif. Ils peuvent dès lors se représenter comme deux choses bien distinctes des nombres aussi proches qu'on veut, comme 5 677 et 5 678, alors qu'ils correspondent à des quantités presque identiques. La capacité à manipuler des nombres de façon exacte, à faire des calculs précis est donc étroitement liée au langage : « cinquante-deux » ce sont des mots, ni plus ni moins.

Si je me souviens bien, Monsieur N. avait justement des problèmes de langage…

Vous avez tout compris. Il était aphasique, il avait des difficultés à utiliser les mots, qui permettent d'étiqueter les nombres de façon exacte. Et il s'en sortait avec son système de manipulation des quantités, que nous partageons avec les bébés et les animaux, et qui est par nature approximatif.

Existe-t-il des patients chez qui c'est l'inverse, c'est-à-dire chez qui le système exact fonctionne, alors que le système approximatif est défaillant ?

Je me souviens d'un autre patient, que nous avons connu quelques années plus tard, qui souffrait en quelque sorte de l'inverse du symptôme de Monsieur N. Il était capable de faire des calculs exacts en appliquant les règles de combinaisons de mots et de chiffres que nous avons apprises par cœur. Par exemple, il pouvait réciter sans erreur ses tables de multiplication. En revanche, son appréciation des quantités abstraites était anormale : nous lui avons demandé quel nombre « tombait juste au milieu » entre 4 et 8 (la réponse est évidemment 6...), et le patient a répondu : « 3 ».

Pour finir, savons-nous où cela se passe dans le cerveau ?

En deux mots, la manipulation des nombres sous forme de mots et de chiffres arabes est du domaine du langage, et ce sont en gros les mêmes régions de l'hémisphère gauche qui servent à manipuler les mots en général et les symboles numériques. En revanche, pour ce qui concerne la manipulation des quantités abstraites, une région est particulièrement importante, située dans les lobes pariétaux, dans un profond repli du cortex appelé sillon intrapariétal. Nous avons parlé de cette région en détail au chapitre précédent. On pourrait conclure en disant que les mathématiques sont un véritable bricolage cognitif, combinant le sens des quantités, le langage, mais aussi les capacités de raisonnement, la mémoire, l'attention, l'imagination. Ce caractère hétéroclite explique peut-être que, pour des raisons diverses, nous ne soyons pas tous également doués pour les maths…

CHAPITRE 4

Êtes-vous doué pour les maths ?

Les enfants à l'école, mais aussi les adultes n'ont pas tous les mêmes facilités pour apprendre. Ces inégalités ont des causes très variées, liées à l'hérédité comme à l'histoire personnelle, en particulier à l'éducation reçue. Nous allons nous pencher sur une étude qui décortique l'apprentissage du calcul mental, et permet d'expliquer certaines inégalités. Qu'ont fait ces chercheurs[1] ?

Ils ont testé des enfants âgés de 8 à 9 ans, scolarisés en CM1, donc à une étape importante dans l'apprentissage des maths. Pendant deux mois, ces enfants ont reçu des cours particuliers de maths, consistant en différentes méthodes d'entraînement au calcul mental. Bien sûr, avant et après ces deux mois d'entraînement, les enfants ont passé des tests de maths, afin d'avoir une mesure de leurs progrès. De plus, avant de commencer les deux mois d'entraînement, ils ont aussi passé une IRM cérébrale, anatomique et fonctionnelle.

Ces deux mois d'entraînement ont-ils été efficaces ?

Oui, les enfants sont devenus meilleurs : ils faisaient moins d'erreurs et calculaient plus vite. De plus, ils avaient plus tendance qu'avant à utiliser leur mémoire. Si je vous demande combien font 8 × 8, vous allez évidemment utiliser le fait que vous avez en mémoire le résultat de 8 × 8, plutôt que de calculer 8 + 8 + 8 + 8 + 8 + 8 + 8 + 8. Connaître par cœur le résultat permet d'aller plus vite et de faire moins d'erreurs.

Mais je suppose que tous les enfants n'ont pas fait autant de progrès ?

En effet, certains ont fait des progrès importants et d'autres des progrès beaucoup plus modestes. Le but de cette étude était justement d'essayer de comprendre les causes de ces différences entre enfants. L'objectif était de savoir s'il aurait été possible, avant de commencer l'entraînement, de prédire que tel ou tel enfant ferait plus ou moins de progrès.

Vous avez dit que les enfants avaient eu des tests de QI et de maths avant les deux mois d'entraînement. Je suppose que les résultats à ces tests permettaient de prédire quels sont les enfants qui feraient le plus de progrès, peut-être ceux avec la meilleure mémoire, ou le QI le plus élevé ?

C'est évidemment la première chose que les chercheurs ont cherchée. Mais, et c'est assez curieux, cela ne marche pas du tout. Aucun des tests faits avant de commencer l'entraînement ne permettait de prédire quels enfants feraient plus ou moins de progrès. En revanche, certaines caractéristiques des IRM cérébrales permettaient de faire des prédictions. Comme je vous l'ai dit, ces enfants ont eu une IRM anatomique, sur laquelle on peut mesurer précisément des choses comme l'épaisseur du cortex ou la quantité de matière grise ou blanche en chaque point du cerveau. Or il existe une région particulièrement importante pour la mémoire, l'hippocampe, dont l'anatomie a permis de prédire quels enfants feraient le plus de progrès (voir, *infra*, Figure 49). Plus il y avait de matière grise dans l'hippocampe sur l'IRM faite avant l'apprentissage et plus les enfants allaient faire de progrès (Figure 39). Pour une raison qui n'est pas du tout claire, cela ne marchait qu'avec l'hippocampe droit, mais c'est ainsi…

On comprend qu'un hippocampe plus efficace aide à mémoriser des choses comme des tables de multiplication, mais je suppose que l'hippocampe à lui tout seul ne permet pas de faire des maths ?

En effet, et d'ailleurs cette étude montre un second résultat intéressant, basé sur l'IRM fonctionnelle et non anatomique. Une autre mesure qui permettait de prédire les progrès en calcul était la capacité de l'hippocampe à entrer en communication avec d'autres régions du cerveau, en particulier les régions

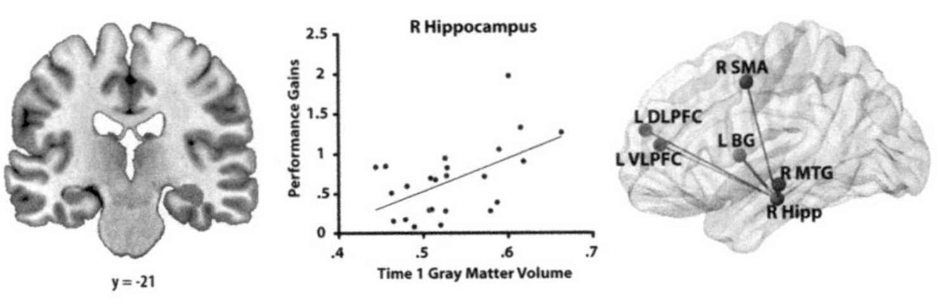

Figure 39. Deux caractéristiques de l'hippocampe droit (H) permettent de prédire l'importance des progrès en calcul : son volume de matière grise et sa connexion à des régions cérébrales distantes. © Supekar *et al.*, 2013.

de l'avant des lobes frontaux, qui sont essentielles pour toutes sortes de manipulations de concepts (Figure 39).

Donc, les capacités d'apprentissage dépendent de certaines caractéristiques de l'anatomie et des circuits fonctionnels du cerveau. Est-ce que ce n'est pas une vue assez fataliste, qui pousserait à dire : « Il n'y a rien à faire, le cerveau est fait comme cela, on ne peut pas aider les enfants qui ont des difficultés en maths… » ?

Absolument pas ! Un résultat comme celui-là permet d'expliquer un peu mieux les inégalités entre les individus, dont on sait qu'elles existent de toute façon. Mais rien ne dit qu'un enfant qui aura appris ses tables de multiplication un peu plus lentement qu'un autre parviendra finalement à un moins bon niveau, moyennant une éducation appropriée. Et ce n'est pas parce que c'est « dans le cerveau » que c'est fixe et invariable. Le cerveau est un organe plastique, qui subit des modifications du fait de l'apprentissage.

CHAPITRE 5

La terrible phobie des maths

L'organisation cérébrale innée, les méthodes d'apprentissage, tout cela a donc un impact sur l'apprentissage des maths. Mais des facteurs qu'on appellerait « psychologiques » jouent sûrement aussi un rôle important. Il y a des gens qui ont peur de prendre l'avion, d'autres qui ont la phobie des araignées, mais il y en a aussi qui ont peur… des mathématiques. Parmi les lecteurs, certains se disent sans doute : « C'est tout à fait moi, les maths m'ont toujours fait horreur ! » Bref, la phobie des maths est-elle un problème reconnu et étudié ?

Absolument[1]. Il y a des enfants qui non seulement se sentent terriblement anxieux quand ils entrent en cours de maths ou qu'ils ouvrent un livre de maths, mais qui ne dorment pas à la perspective de devoir faire des maths le lendemain matin.

Est-ce que ce ne sont pas simplement des enfants qui ne sont pas bons en maths et qui, par conséquent, ne se sentent pas très sûrs d'eux quand ils sont obligés de faire des calculs ? Cela vaut-il la peine de parler de véritable phobie ?

Il est vrai que les gens qui souffrent de phobie des maths sont moins bons en maths que des non-phobiques, alors qu'ils sont tout aussi bons dans d'autres domaines intellectuels. Mais contrairement à ce que vous suggérez, les relations entre performances mathématiques et anxiété vont dans les deux sens. Certes, le fait d'être mauvais en maths ne peut qu'augmenter l'anxiété, mais, inversement, le fait d'être anxieux empêche d'être bon en maths, et cela pour plusieurs raisons. Si je vous demande combien font 5 × 5, dont vous connaissez le résultat par cœur, vous pourrez répondre sans aucun effort. En revanche, si je vous demande de faire de tête un calcul un peu plus compliqué, par exemple 37 + 45, vous ne pourrez pas répondre d'un seul coup. Vous devez procéder en plusieurs étapes, garder et manipuler dans votre tête des résultats intermédiaires, penser aux retenues. Bref, vous utilisez ce qu'on appelle la « mémoire de travail », c'est-à-dire la capacité à maintenir et à manipuler des informations de façon consciente et au prix d'efforts intellectuels. Or il est bien connu que l'anxiété diminue les capacités de mémoire de travail. Au-delà du cas particulier des maths, tous les anxieux qui nous lisent savent qu'en cas de stress ils « perdent leurs moyens » et n'arrivent pas à réfléchir efficacement.

Vous suggériez qu'il y a d'autres raisons que l'encombrement de la mémoire de travail qui empêchent les phobiques de devenir bons en maths ?

C'est assez trivial. Si du fait de votre anxiété vous séchez les cours de maths et que vous ne faites pas vos devoirs, votre niveau ne va évidemment pas s'arranger. C'est un cercle vicieux.

Sait-on ce qui se passe de particulier dans le cerveau d'enfants phobiques des maths ?

Dans une étude récente, des chercheurs ont placé dans une machine d'IRM des enfants de 7 à 9 ans, phobiques ou non des maths, et leur ont demandé de vérifier de petits calculs (par exemple : « Est-ce que 5 + 3 = 9 est juste ou faux ? »)[2]. Chez les enfants phobiques, la région de l'amygdale s'active plus que chez les non-phobiques. C'est une région qui intervient notamment dans les émotions négatives, comme la peur ou l'anxiété. De plus, des régions impliquées dans le calcul mental s'activent moins fort chez les enfants phobiques, ce qui explique peut-être qu'ils fassent très légèrement plus d'erreurs dans la vérification des calculs (Figure 40). Une autre étude, portant sur des étudiants souffrant d'anxiété mathématique, et non sur de jeunes enfants, a montré un résultat assez frappant[3]. Schématiquement, pendant que les sujets étaient dans la machine d'IRM, on leur annonçait de temps en temps : « Dans quelques instants, vous allez devoir faire un exercice de maths », exercice qui leur était en effet proposé quelques secondes plus tard. Les chercheurs ont étudié ce qui se passe au cours des affreuses secondes où les sujets attendent l'horrible problème. Les sujets de l'expérience différaient les uns des autres. Chez certains, on voyait s'activer des régions fronto-pariétales impliquées dans le contrôle volontaire de la réflexion et des émotions. Chez ces sujets, sans doute capables de se mobiliser malgré l'anxiété, les performances étaient bonnes dans les calculs proposés quelques instants plus tard. Inversement, les sujets montrant moins d'activité dans ces régions de contrôle étaient ceux qui faisaient ensuite le plus d'erreurs de calcul, comme s'ils se laissaient paralyser par leur anxiété.

Sait-on d'où provient cette phobie, et pourquoi certains enfants en souffrent et pas d'autres ?

L'influence des éducateurs et des parents est essentielle. Des parents ou des instituteurs qui ont eux-mêmes une anxiété des maths risquent de transmettre cette peur aux enfants dont ils s'occupent. Dans cette transmission « sociale », il semble que les filles courent plus de risques, du fait des fameux stéréotypes selon lesquels les maths, c'est une affaire de garçons et que les

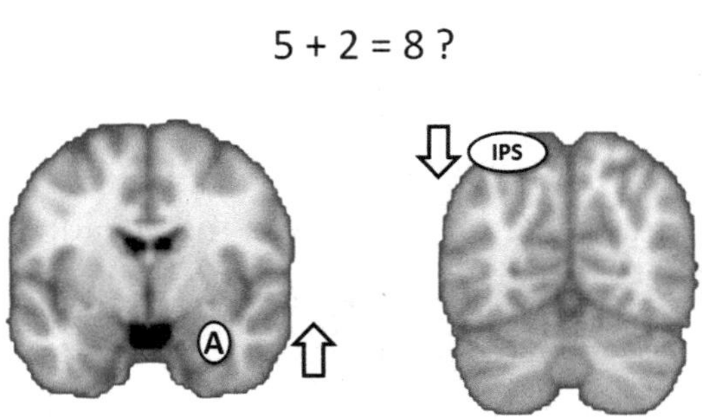

Figure 40. Chez des enfants souffrant de phobie des maths, l'amygdale (A) s'active plus, alors que des régions pariétales impliquées dans le calcul (IPS) s'activent moins, par rapport à des enfants non phobiques.

filles seraient incompétentes par nature. Si on fait croire cela à une petite fille, les risques de phobie ne peuvent qu'augmenter. À côté de ces influences, il y a probablement un second facteur. Si un enfant, pour une raison ou pour une autre, n'acquiert pas bien les bases élémentaires du calcul (compter les objets, comparer des nombres, etc.), ces difficultés précoces, en le mettant « à la traîne », l'exposent à un risque de phobie.

Que peut-on faire pour éviter ou soulager la phobie des maths ?

Conséquence logique de ce que je viens de vous dire, il faut, d'une part, dépister très tôt les difficultés dans l'apprentissage des maths. Si un petit enfant ne maîtrise pas bien les concepts fondamentaux des quantités, du comptage et du calcul, il risque de développer une phobie. D'autre part, parents et enseignants doivent éviter de déverser sur leurs enfants (notamment sur les filles) leur propre répulsion pour les maths…

Et si la phobie est déjà installée ?

L'essentiel n'est certainement pas de faire ingurgiter aux enfants de force des cours de maths anxiogènes à dose encore plus forte, mais plutôt de rompre le cercle vicieux entre plus d'anxiété et moins bonnes performances, entre moins bonnes performances et plus d'anxiété. On a par exemple montré que si des étudiants phobiques, avant un examen de maths, passent dix minutes à raconter par écrit, à mettre noir sur blanc leur appréhension, leurs résultats sont ensuite nettement meilleurs[4].

QUATRIÈME PARTIE

Apprentissage et mémoire

Les maths sont l'exemple parfait de compétences cérébrales qui ne se mettent en place qu'au prix d'un apprentissage explicite, laborieux, prolongé. Mais au-delà des maths, tous les apprentissages obéissent à certains principes généraux : quoi que vous vouliez apprendre, il vaut mieux fractionner vos séances de travail, bien dormir pour consolider vos souvenirs, tester régulièrement vos progrès, apprendre dans le plaisir, etc. Voyons de plus près quelques-unes de ces règles et, si possible, les mécanismes cérébraux dont elles résultent.

CHAPITRE 1

Comment apprendre ses leçons ?

Vous apprenez une langue étrangère, vous préparez un examen ou un concours, vous êtes à l'école et vous apprenez les tables de multiplication, bref, vous devez mémoriser des masses d'informations nouvelles. Quelle est la meilleure manière d'organiser les révisions : une longue séance d'un coup, ou plusieurs révisions espacées dans le temps ?

La psychologie nous enseigne, sans l'ombre d'un doute, qu'il vaut mieux faire de nombreuses séances de révision espacées dans le temps, plutôt qu'une seule séance très longue. On le sait depuis plus d'un siècle : la première description scientifique de ce phénomène a été publiée en 1885 par Hermann Ebbinghaus (Figure 41). Ebbinghaus est un des pères fondateurs de la psychologie expérimentale. Il a beaucoup travaillé sur la mémoire et était lui-même son principal, voire son unique, cobaye. Il s'est astreint à apprendre par cœur des listes de dizaines de syllabes, tout en mesurant le temps que cela lui prenait pour les oublier, et divers autres paramètres. Une des choses importantes qu'Ebbinghaus a découvertes est justement cet effet d'espacement. Par exemple, il a constaté sur lui-même que pour apprendre par cœur une liste de 12 syllabes, faire 38 répétitions étalées sur trois jours était aussi efficace que d'en faire 68 concentrées au cours d'une même journée.

Bref, il vaut mieux étaler les révisions. Mais quand Ebbinghaus apprenait des listes, il se testait dans les jours suivants, c'est-à-dire après des délais assez brefs. Est-ce que ce principe d'espacement marche aussi si vous voulez apprendre quelque chose pour une longue durée, par exemple si vous travaillez pour un concours qui aura lieu dans six mois, ou même si vous voulez apprendre une langue étrangère, et que vous voudriez vous souvenir du vocabulaire jusqu'à la fin de vos jours ?

C'est la même chose : il faut espacer les révisions. En 1993, un article a été publié sur ce sujet par quatre auteurs américains, quatre psychologues qui s'appelaient Bahrick, Bahrick, Bahrick et... Bahrick[1].

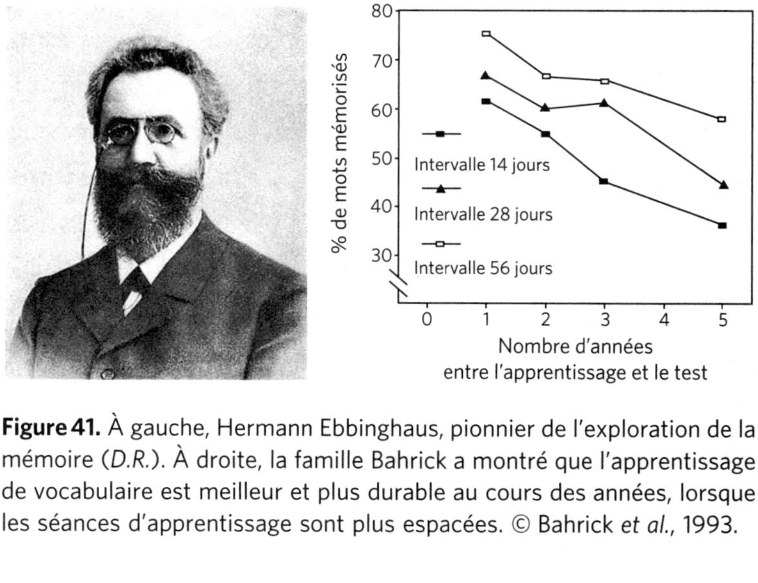

Figure 41. À gauche, Hermann Ebbinghaus, pionnier de l'exploration de la mémoire (*D.R.*). À droite, la famille Bahrick a montré que l'apprentissage de vocabulaire est meilleur et plus durable au cours des années, lorsque les séances d'apprentissage sont plus espacées. © Bahrick *et al.*, 1993.

C'est une blague ?

Pas du tout. En fait, il s'agissait des parents et de leurs deux filles, tous psychologues professionnels. Non seulement ils étaient les auteurs de l'article, mais ils étaient aussi les seuls sujets sur lesquels portaient les expériences. C'est le moyen qu'ils avaient trouvé pour réaliser une expérience d'apprentissage qui s'est étalée sur neuf ans. Bref, toute la famille a appris des listes de vocabulaire espagnol, en testant différentes durées entre les séances de révision et différents nombres de séances de révisions. Ils se sont ensuite testés, entre un an et cinq ans après la fin de leur entraînement. Vous voyez qu'ils étudiaient bien l'effet de l'espacement sur un apprentissage à très long terme (voir, *supra*, Figure 41).

Et qu'est-ce que les quatre Bahrick ont trouvé ?

Ils ont montré qu'ils se souvenaient mieux de leur vocabulaire espagnol si les séances de révision avaient été séparées les unes des autres de deux mois que si elles étaient séparées d'un mois. Si elles étaient séparées de deux semaines, la mémorisation était encore pire. Un peu comme chez Ebbinghaus, ils ont trouvé qu'en gros treize séances de révision séparées de deux mois sont aussi efficaces que vingt-six séances séparées d'un mois.

C'est clair. Mais cet avantage des révisions espacées ne vaut-il que pour la mémoire brute, comme l'apprentissage de listes, ou bien aussi pour l'apprentissage de véritables compétences, de savoir-faire plus élaborés ?

Le principe s'applique là aussi. On a montré, parmi bien d'autres exemples, que l'espacement favorise l'apprentissage de compétences mathématiques, et même de compétences chirurgicales. Pour la formation de chirurgiens, mieux vaut faire une séance de microchirurgie par semaine pendant quatre semaines que quatre séances dans la même journée[2].

Tous les exemples que vous nous avez donnés proviennent d'adultes. Mais c'est plutôt chez les enfants que nous aimerions savoir comment améliorer les apprentissages.

Le principe d'espacement fonctionne aussi pour les petits enfants. Par exemple, chez des enfants de CP qui commencent à apprendre à lire, on a montré qu'il est plus efficace de faire chaque jour trois séances de deux minutes de lecture qu'une seule séance de six minutes.

Il faut donc espacer les révisions. Mais sait-on quel est, dans l'absolu, l'espacement idéal ?

Il y a quelques années, pour répondre à cette question, des chercheurs ont fait une grande étude portant sur plus de 1 300 personnes, à qui ils ont fait apprendre des faits véridiques, mais généralement méconnus[3]. Par exemple, quel est le pays européen qui consomme le plus de nourriture mexicaine ? Il se trouve que c'est la Norvège… Les participants ont eu droit à une séance d'apprentissage et à une séance de révision. Les chercheurs ont fait varier l'espace de temps entre ces deux séances, de vingt minutes à plus de trois mois. De plus, ils ont fait varier le moment où les sujets étaient testés, entre une semaine et un an après la fin des révisions.

Ils ont donc exploré énormément de possibilités pour essayer de trouver l'espacement idéal. Je suppose que le principe général d'espacement a marché, comme d'habitude ?

En effet, puisque, avec un espacement idéal entre les séances d'apprentissage, les sujets parvenaient à retrouver près de 65 % de réponses en plus, par rapport aux sujets chez qui les deux séances d'apprentissage avaient eu lieu immédiatement l'une après l'autre.

Et quel est l'espacement idéal entre les séances de révision ?

Cela dépend. Schématiquement, l'espacement idéal semble être entre 5 et 10 % du délai qui va s'écouler avant que vous ne passiez votre examen. Si votre examen est dans un an, un espacement d'un mois environ est dans l'ordre de grandeur idéal. Si votre examen est dans dix jours, il vaut mieux réviser une fois par jour. C'est un ordre de grandeur… Une conclusion intéressante concerne les stages intensifs, du genre « apprenez le turc ou le kitesurf en une semaine ». Sur le moment, cela peut donner de bons résultats, mais il y a fort à craindre que cela n'assure pas le maintien de l'apprentissage à long terme. Sauf, bien sûr, si vous entretenez ensuite vos connaissances régulièrement.

Dans cet effet favorable de l'espacement, on peut se demander si ce qui compte est vraiment la durée écoulée entre deux séances, ou bien ce que vous faites entre deux séances. Si vous révisez une fois par semaine votre examen d'anglais, vous n'allez pas rester à vous tourner les pouces le reste du temps, vous allez faire du sport, des jeux vidéo, aller travailler, bricoler. Si vous révisez votre anglais tous les jours, vous n'aurez presque le temps de rien faire d'autre entre les séances. Donc, qu'est-ce qui compte, le temps, ou le fait de s'occuper à autre chose dans l'intervalle ?

Il est évidemment difficile de répondre à cette question, puisque les deux vont ensemble : plus il se passe de temps, et plus vous vous occupez d'autre chose entre les séances. Les psychologues de l'éducation se sont naturellement posé cette (excellente) question, et la réponse générale est que l'alternance des apprentissages est en soi une bonne chose. C'est surtout vrai si vous devez apprendre des compétences qui se ressemblent et entre lesquelles il est facile de faire des confusions. Par exemple, on a enseigné à des étudiants les formules mathématiques permettant de calculer le volume de quatre formes géométrique en trois dimensions (une forme d'œuf, un cône tronqué, etc.)[4]. Toutes ces formules se ressemblent naturellement beaucoup. La moitié des étudiants étaient entraînés uniquement sur la formule 1, puis uniquement la formule 2, et ainsi de suite. Chez l'autre moitié des étudiants, les exercices alternaient sans cesse d'une formule à l'autre. Au début de l'entraînement, les étudiants qui suivaient l'entraînement homogène s'en sortaient mieux. Ce n'est pas étonnant : les exercices se suivent et se ressemblent, et ils n'avaient donc pas à se poser la question de choisir la formule appropriée. En revanche, testés quelque temps après la fin de l'entraînement, ce sont les étudiants qui avaient suivi l'entraînement « mélangé » qui montraient de loin les meilleures performances ! L'alternance leur avait appris quelque chose qui est essentiel dans toute situation : choisir la meilleure stratégie pour résoudre la question. Cela n'a rien de spécifique aux mathématiques : on a montré par exemple que les choses se passent de la même façon si l'on veut apprendre à reconnaître les styles de différents peintres. Mieux vaut mélanger les tableaux et les peintres que d'étudier tout Matisse, puis tout Braque, puis tout Miró…

Donc, un enseignement efficace devrait s'assurer de bien espacer les séances de révision et de les faire alterner suffisamment d'un domaine à l'autre. Mais sur la manière dont se passent les révisions elles-mêmes, quel conseil pourrait-on donner ?

S'il fallait insister sur un point, ce serait peut-être qu'il est indispensable de se tester, de s'évaluer, si besoin de se noter, très régulièrement. Ce n'est pas le produit d'une idéologie totalitaire ou autoritaire de l'enseignement, mais un fait objectivement établi. Par exemple, on a fait lire un texte à des lycéens. Deux minutes plus tard, on a demandé à la moitié des lycéens de relire le même texte, et à l'autre moitié de ne pas le relire mais, à la place, de noter tout ce dont ils se souvenaient de leur première lecture[5]. La conclusion était sans appel : testés une semaine plus tard, les lycéens qui avaient essayé de se remémorer le texte s'en souvenaient bien mieux que ceux qui l'avaient lu une seconde fois. Cette efficacité des tests sur l'apprentissage a été démontrée dans tous les domaines possibles et imaginables. C'est au point qu'il vaut mieux passer moins de temps à étudier, et plus de temps à se faire interroger, ou à s'interroger soi-même.

Au terme de cette excursion pédagogique, on pourrait résumer tout cela en disant que si nous voulons apprendre (ou faire apprendre) quelque chose, essayons d'espacer les séances de révision, d'alterner les sujets sur lesquels nous travaillons et de nous tester régulièrement. Mais il existe un autre ingrédient essentiel à un bon apprentissage, dont nous allons parler maintenant : le sommeil.

CHAPITRE 2

Bonne nuit, les petits

Y a-t-il quelque chose de vrai dans la vieille idée qu'il serait possible d'apprendre l'anglais ou l'histoire de France en écoutant les cours la nuit, tout en dormant, un haut-parleur caché sous l'oreiller ?

Malheureusement, cela ne marche pas du tout. Mais, attention, cela ne veut pas dire que le sommeil ne soit pas important pour l'apprentissage. Si vous apprenez quelque chose par cœur, par exemple des associations arbitraires de paires de mots (champignon-arbre, théâtre-chapeau, etc.), et qu'on vous interroge huit heures plus tard sur ces mots (quel mot allait avec champignon, quel mot avec théâtre ?), vous allez être meilleur si une nuit de sommeil s'est écoulée depuis l'apprentissage que si vous n'avez pas dormi. On dit que le sommeil consolide les souvenirs.

Si je ne m'abuse, il y a différents genres de sommeil. Ont-ils tous le même effet sur les souvenirs ?

Pendant le sommeil alternent en gros deux phases. Il y a, d'une part, le sommeil paradoxal, qui est assez proche de l'état d'éveil. C'est là que nous faisons l'essentiel des rêves et que nos yeux bougent rapidement sous nos paupières, d'où le nom de sommeil REM, pour *rapid eye movement*. Il y a, d'autre part, ce qu'on appelle le sommeil lent, qui peut être plus ou moins profond, pendant lequel la température corporelle et la tension baissent, et le cerveau est globalement beaucoup moins actif. En début de nuit, il y a surtout du sommeil lent et, en fin de nuit, du sommeil paradoxal (Figure 42).

Pourquoi ces noms de « paradoxal » et « lent » pour les deux phases de sommeil ?

Comme je vous le disais, pendant le sommeil paradoxal, le cerveau est presque dans le même état que lorsque nous sommes éveillés. On s'en est aperçu en faisant des électro-encéphalogrammes (EEG). Ils ont montré que, lorsque les gens sont endormis, l'activité de leur cerveau est proche de celle de l'état d'éveil, ce qui est assez… paradoxal. Quant au sommeil lent, c'est aussi une question d'EEG. Le tracé montre de grandes ondes lentes sur l'ensemble du cerveau, au rythme d'environ une par seconde, ce qui est nettement plus lent que les oscillations pendant la veille.

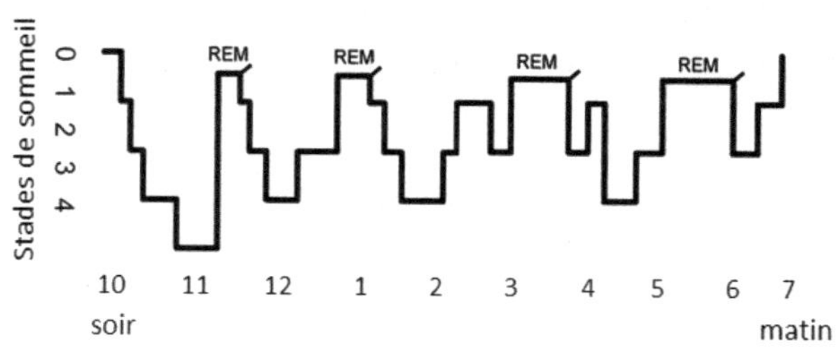

Figure 42. Exemple d'alternance de phases de sommeil paradoxal (REM) et de sommeil lent (1 à 4) au cours d'une nuit, de 10 heures du soir à 7 heures du matin.

Pour revenir à ma question précédente, quelle est la phase de sommeil pendant laquelle se consolide le souvenir de la liste de mots que j'ai apprise par cœur avant d'aller me coucher ?

C'est surtout le sommeil lent qui est important.

Et sait-on pourquoi ? Ces fameuses ondes lentes y sont-elles pour quelque chose ? Et d'abord que représentent vraiment ces ondes ?

Schématiquement, quand on est en haut d'une onde, c'est que les neurones dans de vastes étendues du cerveau augmentent tous leur activité, et quand on redescend dans le creux d'une onde, tous ces neurones diminuent leur activité. Les ondes sont donc la marque d'une sorte de synchronisation globale de régions éloignées du cerveau (Figure 43). On pense que cette synchronisation permet un échange d'information entre ces régions éloignées. Un tel échange est notamment nécessaire pour la consolidation des souvenirs. En effet, quand nous créons un souvenir tout frais, ce souvenir est maintenu quelque temps par l'hippocampe, une structure placée dans les profondeurs du cerveau (voir, *infra*, Figure 49). Pour que le souvenir soit consolidé et maintenu de façon durable, il doit être transféré de l'hippocampe vers le cortex cérébral. Et ce transfert, cette communication entre hippocampe et cortex utilise la synchronisation représentée par ces fameuses ondes lentes.

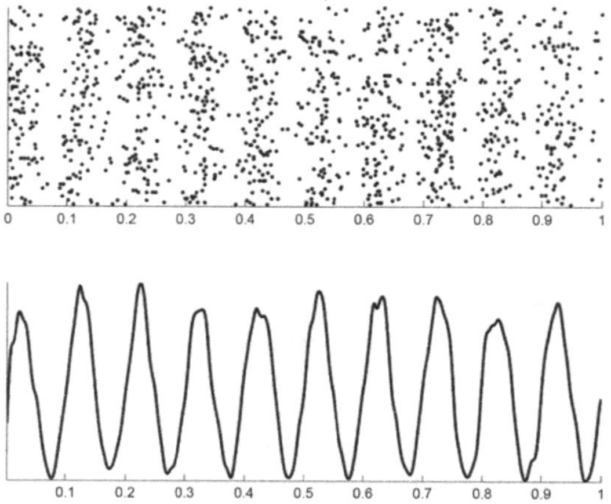

Figure 43. Les crêtes des ondes enregistrées par l'EEG (en bas) correspondent aux instants où de vastes populations de neurones dispersés dans le cerveau s'activent de façon synchronisée (en haut).

On comprend mieux qu'il faille dormir pour consolider nos souvenirs. Logiquement, si on pouvait augmenter la quantité d'ondes lentes pendant le sommeil, on pourrait augmenter les performances de notre mémoire ?

C'est exactement ce qu'ont fait des chercheurs de l'équipe de Jan Born en Allemagne[1]. Comme dans l'exemple que je vous ai donné tout à l'heure, ils ont fait apprendre des paires de mots à leurs sujets, le soir. Les sujets sont ensuite allés se coucher avec sur la tête des électrodes permettant d'enregistrer leur EEG. Les chercheurs ont analysé en temps réel le tracé de l'EEG, en guettant l'apparition de ces fameuses ondes lentes. Et quand ces ondes apparaissaient, ils faisaient entendre à leurs sujets endormis des petits bips sonores parfaitement synchronisés avec ces ondes lentes. Ces bips ont un effet d'amplification des ondes lentes. C'est un peu comme une balançoire, qui se balance de plus en plus haut si vous lui rajoutez une petite impulsion, bien synchronisée avec le rythme du balancement spontané.

Ils arrivent donc comme cela à amplifier ces ondes lentes. Mais cela a-t-il un impact sur la mémorisation des listes de mots appris avant d'aller se coucher ?

Tout d'abord, je vous rappelle que le sommeil en lui-même améliore les souvenirs. Sur les 120 paires de mots, les sujets qui ne recevaient pas ce renforcement sonore en retrouvaient une dizaine de plus après une nuit de sommeil que s'ils étaient testés la veille au soir. Mais ceux qui avaient reçu les bips synchronisés avec leurs ondes lentes avaient, en plus, une amélioration d'une vingtaine de mots entre la veille au soir et le matin. D'autres chercheurs ont montré qu'on peut favoriser la mémorisation pendant le sommeil en soumettant les sujets, plutôt qu'à des sons, à des stimulations électriques (très faibles) *via* des électrodes placées sur leur cuir chevelu, elles aussi synchronisées avec leurs ondes cérébrales. Ces techniques de stimulation sont même très à la mode. Allez faire un tour sur Internet, et vous verrez que certains n'ont pas attendu pour développer de nombreuses applications commerciales de ce principe : « C'est l'été, le moment est venu d'acheter le modèle de voyage du stimulateur cérébral ! »

CHAPITRE 3

Un souvenir de rêve

Nous avons vu au chapitre précédent que le sommeil joue un rôle important dans la consolidation des souvenirs. Mais, inversement, nous gardons peu de souvenirs de l'activité mentale qui se déploie dans notre cerveau pendant que nous dormons. On entend souvent des gens dire : « Moi, je ne rêve jamais ! » Est-ce possible ? Y a-t-il des gens qui ne rêvent pas ?

Si on se fonde seulement sur ce dont nous nous souvenons au réveil, nous sous-estimons beaucoup la quantité de rêves. Si on réveille systématiquement des dormeurs en plein sommeil, et qu'on les interroge sur leurs rêves en cours, on s'aperçoit que nous rêvons beaucoup plus que ce dont nous nous souvenons le matin.

Mais si nous rêvons tellement, pourquoi oublions-nous nos rêves beaucoup plus que nous n'oublions ce qui nous arrive pendant l'éveil ? Quelle est la différence de fonctionnement de la mémoire, entre le rêve et l'état éveillé ?

Tout d'abord, le rêve ressemble sous beaucoup d'aspects à l'éveil : nous vivons des expériences sensorielles comparables ; nous voyons toutes sortes d'objets et de personnes ; nous parlons ; nous éprouvons des émotions, parfois intenses, comme la peur ou la joie ; nous vivons des histoires au scénario plus ou moins élaboré. D'ailleurs, si on mesure l'activité cérébrale pendant le rêve, en utilisant l'électroencéphalogramme (EEG) ou la scintigraphie cérébrale, on voit qu'elle est très similaire à celle de l'éveil[1].

Quand les enfants grandissent, on s'attendrait donc à ce que leurs rêves se développent en parallèle de leur développement intellectuel.

Cela a l'air d'être le cas. Avant l'âge de 5 ans, les rêves sont simples : je vois un chien, je mange un gâteau… À partir de 7 ans, les rêves se compliquent, avec de vraies histoires auxquelles le rêveur participe.

Est-ce certain ? Les rêves des enfants ont peut-être l'air d'être plus simples parce que leur langage est moins élaboré, et qu'ils sont incapables de décrire leurs rêves ?

Cela joue peut-être un rôle dans l'apparente simplicité des rêves des enfants, mais ça n'explique pas tout. En effet, les enfants qui racontent le plus de rêves ne sont pas spécialement ceux dont le langage est le plus développé. En revanche, les récits des rêves sont corrélés avec les capacités d'imagerie mentale, d'imagination de formes compliquées. Si vous montrez à des enfants des formes faites avec des cubes et que vous leur demandez de reproduire ces formes en manipulant des cubes, les enfants qui y arrivent le mieux sont aussi ceux qui racontent les rêves les plus élaborés. Pour répondre à votre question, si les petits enfants ont des rêves plus réduits, ce n'est sans doute pas simplement parce qu'ils auraient du mal à en parler.

Il y a donc des similarités entre rêves et éveil, mais évidemment aussi pas mal de différences...

Bien sûr. Par exemple, nous n'avons pas de contrôle volontaire sur ce que nous faisons pendant les rêves. Je ne décide pas vraiment si je monte sur l'escalier en or jusqu'au sommet de la pyramide. Cela se produit, comme cela. Nous sommes aussi largement dépourvus d'esprit critique. Je ne suis pas spécialement étonné de décoller de ma salle de bains et de m'envoler jusqu'à mon bureau après avoir survolé le désert de Gobi... Autre différence, nous n'avons pas de sentiment bien net de notre propre identité. En rêve, je peux avoir l'impression d'être en même temps moi-même en visite à Londres et un soldat de la garde de la reine d'Angleterre, voire la reine elle-même. On peut rapprocher ces particularités du fait que les régions préfrontales sont moins activées pendant le sommeil que pendant l'éveil, régions qui sont importantes pour le contrôle volontaire des actions, la planification des comportements, la détection des invraisemblances...

Très bien. Mais notre question de départ portait spécifiquement sur la mémoire. La mémoire marche-t-elle pendant le rêve comme pendant l'éveil ? Cela nous permettra peut-être de comprendre pourquoi nous ne nous souvenons pas de nos rêves.

C'est assez paradoxal. On sait que le sommeil joue un rôle important dans la consolidation des souvenirs et des apprentissages de la journée. Pourtant, pendant que nous rêvons, notre mémoire marche particulièrement mal. Ainsi, pendant le rêve, nous ne nous souvenons pas des événements qui nous sont arrivés pendant l'éveil. Bien sûr, il y a beaucoup de petits fragments de nos expériences qui réapparaissent dans les rêves, mais très peu de souvenirs de véritables épisodes que nous avons vécus. D'autre part, nous ne mémorisons pas le contenu de nos rêves. Cette sorte de panne de la mémoire est d'ailleurs mal comprise : les circuits de la mémoire dans les lobes temporaux sont en réalité très actifs pendant les rêves.

Pour récapituler, on pourrait dire que par certains aspects notre esprit fonctionne pendant le rêve comme pendant l'éveil (nous évoquons des images, des émotions, etc.), mais que, par d'autres aspects, le rêve est très différent de l'éveil, notamment concernant la mémoire. Pour revenir à notre question de départ, comment se fait-il que nous gardions quand même le souvenir de quelques-uns de nos rêves ? Et que se passe-t-il chez les gens qui disent qu'ils ne rêvent pas du tout ?

L'explication la plus simple est que pendant le sommeil, nous ne pouvons pas créer de nouveaux souvenirs. Par conséquent, les seuls rêves dont nous nous souvenons sont ceux qui ont été interrompus ou immédiatement suivis par un petit éveil nocturne. Une fois éveillés, nous pouvons mémoriser le rêve en cours pendant les quelques instants disponibles avant qu'il ne s'évapore. Dans ces conditions, les gens qui se souviennent bien de leurs rêves devraient être ceux qui se réveillent souvent pendant la nuit, et les gens qui disent ne pas rêver devraient être ceux qui dorment sans interruptions.

Est-ce le cas ?

Une étude récente suggère que c'est vrai[2]. Les chercheurs ont sélectionné un groupe de 18 personnes se souvenant bien de leurs rêves (plus de trois par semaine) et un groupe de 18 autres personnes ne se souvenant jamais de leurs rêves. Ils ont testé ces gens pendant leur sommeil, en enregistrant leur électroencéphalogramme ainsi que d'autres paramètres. De plus, pendant la nuit, ils ont fait entendre aux dormeurs des sons répétés (bip, bip, bip…), interrompus de temps en temps par un son inattendu, en l'occurrence leur prénom (« bip, bip, Robert !, bip, bip… »). L'analyse de l'EEG leur a permis de faire deux mesures en continu au cours de la nuit : d'une part, les variations de la profondeur du sommeil (voir *supra* Figure 42) et, d'autre part, l'activité électrique déclenchée par les sons inattendus (« Robert ! »).

Et ont-ils trouvé des différences entre les gens qui se souviennent de leurs rêves et ceux qui ne s'en souviennent pas ?

Oui, deux différences intéressantes. D'une part, ceux qui se souviennent de leurs rêves ont plus de réveils nocturnes (environ quinze minutes d'éveil de plus au total) que ceux qui oublient leurs rêves. Cela va bien avec l'idée que pour se souvenir d'un rêve il faut se réveiller au moment où il se produit. Le second résultat, c'est que chez ceux qui se souviennent des rêves, les sons inattendus (« Robert ! ») déclenchent des réactions électriques cérébrales particulièrement intenses, alors même qu'ils dorment. On peut interpréter cela en disant que certaines personnes ont un cerveau particulièrement réceptif aux événements de l'environnement. Le moindre bruit inattendu secoue leur cerveau, même lorsqu'ils dorment. Ces gens s'éveillent donc facilement et souvent, durant quelques instants, pendant la nuit. Comme ils se réveillent, ils ont l'occasion de mémoriser le rêve qu'ils viennent de faire.

Et les gens qui disent qu'ils ne rêvent jamais ?

Ce sont juste des gens qui dorment très bien, de véritables souches…

CHAPITRE 4

Apprendre à lire, c'est le B.A.-BA

Tous les hommes politiques vous le diront, il faut que les enfants apprennent les fameux « Fondamentaux » avant de quitter l'école primaire : lire, écrire et compter. Nous avons déjà parlé de l'apprentissage du calcul. Essayons maintenant de tirer au clair ce que doit apprendre, au juste, un enfant qui apprend à lire.

Naturellement, il doit apprendre à reconnaître les lettres. Mais surtout, ces lettres, il doit apprendre à en faire deux choses (Figure 44). D'une part, il doit apprendre à les transformer en sons. Si je vous montre les lettres BILOUFA, vous savez que ça se prononce biloufa, b = b, ou = ou, etc. Cela permet de prononcer à peu près n'importe quelle nouvelle combinaison de lettres. Mais trouver la prononciation ne suffit pas. Ainsi, les mots PORT PORC et PORE se prononcent tous de la même manière, mais, en les voyant, vous comprenez directement ce que chacun veut dire, sans passer par leur prononciation.

Un enfant doit donc transformer les lettres en sons, et aussi reconnaître des mots entiers. Et que se passe-t-il dans la tête d'un enfant qui apprend tout cela ?

Avant même de commencer à apprendre à lire, l'enfant a dans le cerveau les deux ingrédients nécessaires : la vision, qu'il va falloir entraîner à reconnaître les lettres, et le langage, qui va permettre de transformer ces lettres en sons et en mots.

Pour commencer, dites-nous quelques mots sur le langage, le premier ingrédient de la lecture.

Dès les tout premiers mois de la vie, longtemps avant de savoir parler, les bébés ont un système du langage qui repose déjà sur les mêmes régions de l'hémisphère gauche que chez l'adulte (Figure 45)[1]. Puis l'apprentissage de la parole se déroule selon un calendrier universel, et les enfants apprennent à analyser les sons de la parole, à reconnaître puis à produire des mots, puis des phrases. Mais chez cet enfant qui sait parler, toute la mécanique de la langue est complètement automatique et inconsciente.

	Port
BILOUFA	Porc
	Pore

Figure 44. Devant une suite de lettres, vous pouvez, d'une part, les transformer en sons suivant les règles du français et, d'autre part, (s'il s'agit de mots réels) accéder à tout ce que vous en savez (le sens, le genre, etc.).

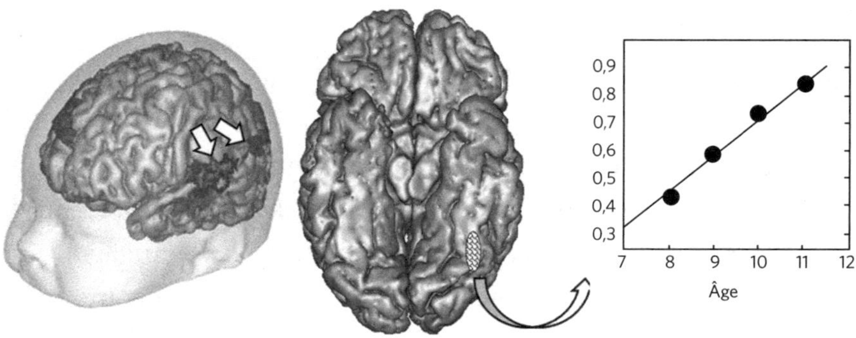

Figure 45. À gauche, on voit s'activer chez des bébés de trois mois qui écoutent des phrases les mêmes régions cérébrales qui serviront au langage à l'âge adulte. Au milieu, une petite région du dessous du lobe temporal gauche apprend à reconnaître les lettres. À droite, on voit la sensibilité de cette région augmenter d'année en année au cours de l'apprentissage de la lecture.

Alors qu'on ne peut pas apprendre à lire inconsciemment…

En effet, ce n'est pas du tout comme apprendre à parler. On doit apprendre explicitement aux enfants à faire attention aux phonèmes, les sons élémentaires qui composent la parole, qui sont les fragments de parole que l'écriture va chercher à représenter sous forme visible. Avant, les enfants utilisent évidemment des phonèmes en parlant, mais sans le savoir, comme Monsieur Jourdain qui fait de la prose sans le savoir. Cette prise de conscience des sons est étroitement liée à l'apprentissage de la lecture. Si je prononce le mot « crapaud » et que je vous demande d'enlever le premier son, vous me répondrez immédiatement : « rapaud ». Ce jeu est très facile pour ceux qui savent lire, mais les gens qui n'ont pas appris à lire en sont incapables. Ils n'ont en effet pas conscience que le premier morceau de crapaud est le son « k[2] ».

À côté du langage, la seconde capacité innée sur laquelle s'appuie l'apprentissage de la lecture, c'est évidemment la vision...

Le système visuel des enfants a aussi beaucoup de choses à apprendre. Comme pour l'attention aux sons de la parole, l'enfant doit aussi apprendre à faire attention à chaque petite lettre, l'une après l'autre, de gauche à droite. Il doit aussi apprendre à reconnaître les lettres sur les détails minuscules qui les distinguent (c et e, r et n). En même temps, de façon paradoxale, il doit apprendre que des formes très différentes (A et a) correspondent parfois à la même lettre. En outre, il faut évidemment aussi apprendre à reconnaître des combinaisons de lettres (eau, aud...), et j'en passe.

Comment cela se passe-t-il dans le cerveau ?

Cette expertise visuelle repose sur une petite région du cortex bien définie, placée au même endroit chez tout le monde (voir *supra*, Figure 45, centre). Cette région appartient à la vaste zone de cortex qui sert à reconnaître d'une façon générale les objets que nous voyons – visages, lieux, objets, etc. Cette région développe progressivement sa spécialisation pour la lecture pendant que les enfants apprennent à lire de mieux en mieux (Figure 45, droite)[3].

Normalement, les enfants apprennent en même temps à lire et à écrire. Quel est exactement le lien entre ces deux apprentissages ?

L'apprentissage de l'écriture aide beaucoup à l'apprentissage de la lecture, ceci pour plusieurs raisons. Ainsi, les enfants ont toujours du mal à distinguer les paires de lettres qui sont l'image en miroir l'une de l'autre, comme b et d, ou p et q. Cette difficulté est tout à fait logique. Une brosse à dents ou un chat, que vous les voyiez à l'endroit ou dans un miroir, sont toujours une brosse à dents ou un chat. Le fait que deux formes en miroir correspondent à des objets différents, comme c'est le cas du b et du d, est une situation très inhabituelle. En revanche, les gestes nécessaires à tracer un b et un d sont très différents. C'est pourquoi apprendre à les tracer aide les enfants à bien distinguer les deux lettres, pendant l'écriture mais aussi pendant la lecture. En outre, l'écriture aide à bien comprendre qu'il faut aller rigoureusement de gauche à droite en lisant. Enfin, apprendre à écrire aide à lire l'écriture manuscrite, souvent plus difficile à déchiffrer que l'écriture imprimée. Lorsqu'on lit de l'écriture manuscrite, on active une région cérébrale proche du système moteur, qui permet sans doute d'imaginer les gestes qui ont permis de réaliser le tracé, ce qui aide à la lecture[4].

Ainsi, l'enfant qui apprend à lire modifie, dans son cerveau, les machineries du langage, de la vision, et les fait communiquer entre eux. Tout cela demande beaucoup d'entraînement…

Un jeune adulte « lettré » a lu au cours de sa vie des centaines de millions de mots. Il a développé une expertise visuelle sans égale. Un enfant qui commence à lire doit déchiffrer les mots lettre par lettre, et prend donc d'autant plus de temps pour lire que le mot est plus long. Ensuite, on apprend progressivement à reconnaître simultanément toutes les lettres d'un mot et, chez des experts comme vous et moi, il ne faudra pas plus de temps pour lire un long mot comme CARAMEL qu'un mot court comme CAFÉ. D'autre part, l'enfant a aussi progressivement appris à reconnaître les mots sans passer par leurs sons, il a élargi son dictionnaire mental, il a appris à distinguer pore, port et porc, marché, marcher et marchaient, etc. Et tout cela est devenu automatique, et lire une phrase ne demande pas plus d'effort que l'écouter.

Peut-on terminer avec quelques bons conseils pratiques sur l'apprentissage de la lecture ?

Pourquoi pas ? Il faut expliquer clairement et directement aux enfants comment fonctionne le système d'écriture, c'est-à-dire la correspondance entre lettres et sons, le sens gauche-droite, l'importance de l'ordre des lettres, le tout avec des exemples. Il faut aussi aller du plus simple au plus compliqué : par exemple, on enseignera à un enfant que la lettre F représente le son /f/, et seulement plus tard que les lettres EAUD notent le son /o/. Comme je vous l'ai dit, il faut aussi associer étroitement l'apprentissage de l'écriture. Et, bien sûr, une pratique suffisante, du temps passé à lire, est essentielle pour rendre tout cela automatique et sans effort.

Ces conseils sont propres à l'apprentissage de la lecture[5]. Avez-vous des conseils éducatifs plus généraux ?

Juste des idées qui s'appliquent à n'importe quel apprentissage, dont la lecture : les enfants doivent être actifs, donc motivés, l'enseignement doit être adapté à leur niveau, pour qu'ils fassent un peu d'erreurs, ce qui permet de progresser, mais pas trop pour ne pas se décourager, etc.

CHAPITRE 5

Une tranche de sOSsIçOn, ou les pannes de l'écriture

Tout ce qui a été appris peut (hélas) être désappris, même nos chers « fondamentaux » : lire, écrire et compter. Nous avons vu dans un précédent chapitre comment des accidents cérébraux peuvent démantibuler le calcul mental. Nous allons voir maintenant que notre capacité à écrire, laborieusement acquise dans l'enfance en même temps que la lecture, peut souffrir de mille manières des accidents ou maladies qui guettent le cerveau.

Comme d'habitude, la première question à se poser pour comprendre une panne est : « Comment quelqu'un de bien portant fait-il pour écrire ? » Ce n'est qu'ensuite qu'il est possible d'analyser comment ces procédures normales peuvent tomber en panne. On ne peut comprendre une panne de voiture sans savoir peu ou prou comment fonctionne un moteur. Dans le cas de l'écriture, partons d'un exemple simple : vous voyez un saucisson, et quelques instants plus tard vous écrivez le mot « saucisson ». Que se passe-t-il entre ces deux instants ? La première étape, une fois le saucisson reconnu comme tel, c'est d'aller fouiller votre dictionnaire mental. Vous savez beaucoup de choses sur le saucisson : ça se mange, c'est de la viande, ça a tel goût et tel aspect, etc. Parmi ces connaissances encyclopédiques stockées dans votre mémoire, il y a l'orthographe du mot. Saucisson pourrait théoriquement s'écrire de diverses manières (SOSSIÇON ou autre), mais vous savez, parmi bien d'autres choses, que l'orthographe correcte est SAUCISSON.

Est-il possible de perdre cette connaissance de l'orthographe des mots ?

Absolument. Par exemple, dans une maladie qui s'appelle la démence sémantique, et qui fait dégénérer l'avant des lobes temporaux, les patients oublient progressivement ce qu'ils savent sur les mots, notamment leur signification, mais aussi leur orthographe. Un tel patient pourra souvent deviner que cochon s'écrit COCHON, parce que c'est la manière la plus logique d'écrire ces sons en français, mais pour un mot à l'orthographe impossible à deviner comme saucisson, il risque de se tromper et d'écrire par exemple SOSSISSON.

Imaginons que vous n'ayez pas de démence sémantique et que vous ayez récupéré dans votre mémoire la liste des lettres qu'il va falloir écrire (S, A, U, etc.). Je suppose que vous êtes presque au bout de vos peines ?

Loin de là ! Écrire effectivement le mot sur une feuille va vous prendre pas mal de temps, peut-être plusieurs secondes pour un long mot comme saucisson. Pendant ce temps, il faut que vous gardiez présente à l'esprit la série de lettres à écrire, rangées dans le bon ordre, et que vous sachiez exactement où vous en êtes dans cette série. À défaut, vous risquez d'en oublier une, d'en écrire une autre en double, d'en inverser deux, etc. C'est ce qu'on appelle la mémoire de travail, ce qui vous permet de maintenir dans votre conscience durant quelques secondes l'information en cours d'utilisation. Si cette mémoire de travail est elle-même en panne, vous ferez des erreurs d'écriture, du genre de celles que j'évoquais (oubli de lettres, lettres redoublées ou inversées). En outre, vous ferez beaucoup plus d'erreurs avec les mots longs qu'avec des mots courts, qui n'ont besoin de rester que quelques brefs instants dans cette mémoire à court terme.

Sait-on si ce sont des régions du cerveau distinctes qui interviennent dans le « dictionnaire mental », où est stockée l'orthographe des mots, et dans cette mémoire à court terme, qui conserve la série de lettres le temps que nous les écrivions ?

Un article est paru récemment, qui porte justement sur cette question[1]. Les chercheurs ont étudié 33 patients patiemment collectionnés sur plus de quinze ans. À la suite d'un AVC, ces patients souffraient de troubles de l'écriture (ce qu'on appelle une agraphie), résultant soit d'une atteinte de leur dictionnaire mental, soit d'une atteinte de leur mémoire à court terme, soit des deux. Ces patients avaient eu une IRM ou un scanner permettant de bien définir leurs lésions cérébrales (Figure 46). Les auteurs ont comparé les lésions des patients ayant les deux types d'agraphie et ont identifié deux régions distinctes impliquées, l'une dans le dictionnaire mental où est stockée l'orthographe des mots, et l'autre dans le maintien en mémoire de la série de lettres en cours d'écriture.

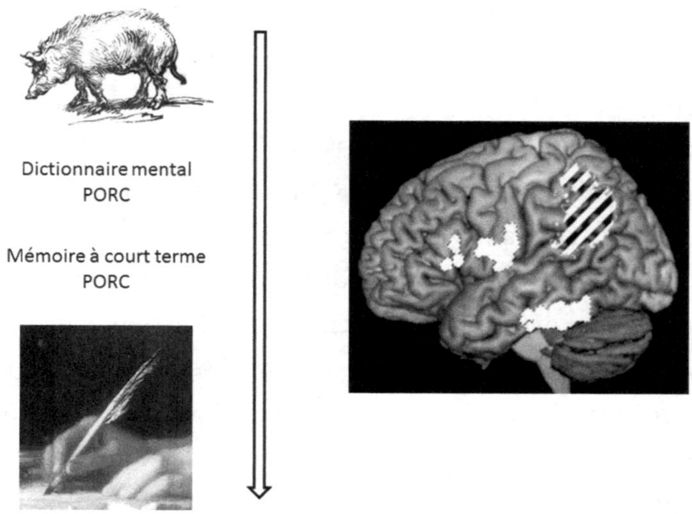

Figure 46. L'objet à nommer est reconnu, puis il faut récupérer l'orthographe dans notre dictionnaire mental (régions blanches), puis stocker les lettres dans une mémoire à court terme (régions hachurées), le temps de les écrire.

Imaginons que tout cela marche bien, aussi bien votre dictionnaire mental que votre mémoire à court terme. Il reste à faire avec votre main les gestes d'écriture. Là aussi il peut y avoir des problèmes, je présume…

Pas si vite ! Avant d'en arriver aux gestes eux-mêmes, il y a un certain nombre de choix à faire. D'abord, vais-je écrire à la main, ce qui suppose que je devrai récupérer des programmes de mouvement permettant de tracer les lettres, ou bien vais-je écrire sur un clavier, ce qui demandera des gestes bien différents, ou bien même vais-je épeler le mot en nommant à haute voix chacune des lettres, « cé – ache – a – té » pour le mot CHAT, ce qui est en effet une troisième façon d'écrire, avec la bouche ?

Des pannes sont possibles séparément pour ces différentes variantes d'écriture ?

Assurément. Vous voyez l'écriture d'un patient qui, à la suite d'un petit AVC, s'est mis à faire d'innombrables erreurs lorsqu'il utilisait un clavier, alors que son écriture manuelle ne s'était pas modifiée[2] (Figure 47, gauche). Admettons que vous vouliez écrire à la main et pas avec un clavier, encore faudra-t-il décider si vous voulez écrire en majuscules ou en minuscules. Cet aiguillage peut être problématique, et vous voyez l'exemple d'un patient qui ne pouvait s'empêcher de mélanger, à l'intérieur des mots, les minuscules et les majuscules. Point intéressant, on ne pouvait pas dire qu'il s'agissait chez ce patient d'une sorte de maladresse manuelle, puisqu'on observait exactement le même mélange lorsqu'on lui demandait d'écrire avec des lettres mobiles imprimées sur des cartons[3] (Figure 47, droite). C'était donc réellement un problème dans le contrôle de l'aiguillage abstrait entre majuscules et minuscules.

Imaginons que tout cela fonctionne bien, que vous n'ayez de problèmes ni d'orthographe, ni de mémoire, ni de sélection de la bonne variante d'écriture. Reste à réaliser concrètement les gestes avec le stylo sur la feuille. Là aussi je suppose qu'il peut y avoir des pannes ?

Là encore, plusieurs cas sont possibles. Certains patients ne savent simplement plus quelle est la trajectoire à suivre pour tracer les lettres. Ils ont perdu les programmes des mouvements d'écriture, si laborieusement acquis à l'école. Vous voyez les tentatives d'un patient pour écrire des lettres, dont la forme est tout à fait méconnaissable (Figure 48). C'est ce qu'on appelle

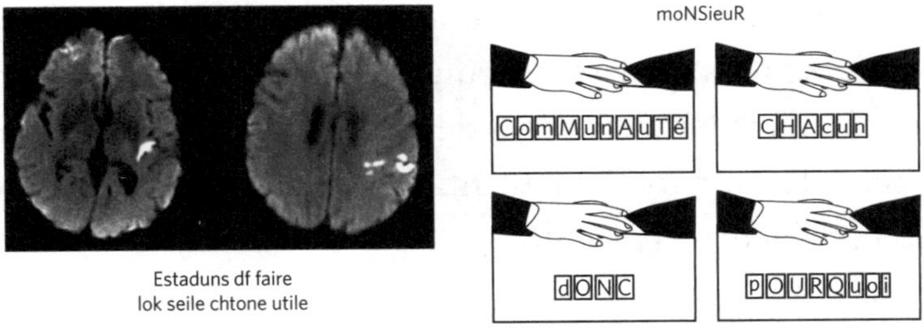

Figure 47. À gauche, la lésion d'un patient (tache blanche) et un exemple de ses nombreuses erreurs de frappe. À droite, un autre patient se trompant dans l'aiguillage entre minuscules et majuscules, que ce soit en écrivant ou avec des lettres mobiles.

en jargon une « agraphie apraxique », c'est-à-dire que le patient ignore quels sont les gestes à faire pour écrire.

Continuons à avancer dans le pipeline cérébral de l'écriture. Nous arrivons à l'exécution du geste lui-même. Qu'en est-il des patients qui connaissent bien la forme à donner aux lettres, mais sont en quelque sorte maladroits, et les tracent de façon approximative ?

Le contrôle de mouvements aussi fins et précis que l'écriture met en jeu de multiples composants du système moteur, incluant le cortex, les noyaux gris logés dans les profondeurs du cerveau, le cervelet, le tronc cérébral… Par conséquent, différentes maladies neurologiques donnent lieu à différents types de maladresse, retentissant notamment sur l'écriture. Passons sous silence le cas des patients qui ne peuvent plus écrire parce que leur main est paralysée. Une anomalie de l'écriture très typique est celle de la maladie de Parkinson, qui est marquée par ce qu'on appelle une micrographie. Les gens ont tendance à écrire de plus en plus petit. Le début du mot ou de la phrase est assez bien formé, puis la suite devient progressivement minuscule, au point d'en être parfois illisible.

Un autre exemple est ce qu'on appelle le tremblement essentiel, un tremblement assez fréquent, et en général peu grave. Toutefois, dans les cas sévères de tremblement essentiel, l'écriture peut devenir totalement impossible du fait des secousses qui la parasitent (Figure 48).

Et la fameuse crampe des écrivains ?

La crampe des écrivains fait partie de la vaste famille des dystonies, qui sont des maladies caractérisées par des contractions soutenues et involontaires de muscles. La crampe des écrivains est une contraction involontaire, parfois douloureuse, qui apparaît dans la main et le bras, exclusivement lorsque le patient commence à écrire. Dans les cas sévères, l'écriture peut devenir impossible, et les patients doivent apprendre parfois à écrire de l'autre main, qui d'ailleurs peut être atteinte à son tour.

Depuis l'orthographe du saucisson jusqu'à la crampe des écrivains, voilà un catalogue bien vaste (et sans doute incomplet…) des pannes de l'écriture que nous réserve la neurologie…

Figure 48. À gauche un exemple d'agraphie apraxique, où le programme de traçage des lettres est perdu. À droite, une tentative d'écriture dans un cas de tremblement essentiel sévère.

CHAPITRE 6

Les taxis de Londres

Apprendre, mémoriser, enregistrer, s'entraîner : finalement, toutes ces nouveautés qui se gravent en nous se réduisent à des traces matérielles qui se forment dans le cerveau. Peut-on « voir » ces traces, les toucher du doigt ?

Nous allons prendre un cas particulier, dans lequel les traces cérébrales d'un apprentissage peuvent être observées sans l'aide d'un microscope ni de biologie moléculaire. Partons faire un peu de tourisme neurologique à Londres. Et quel meilleur moyen de se déplacer dans Londres que de prendre les fameux taxis noirs, qui sont d'ailleurs maintenant de toutes les couleurs ?

Où, diable, ce taxi va-t-il nous conduire ?

Patience. Il se trouve que les chauffeurs de taxi londoniens sont depuis une quinzaine d'années l'objet de recherches neuroscientifiques intensives. En effet, ces chauffeurs sont de grands experts et, en les étudiant, on cherche à comprendre comment marchent les cerveaux des gens qui acquièrent une expertise sortant de l'ordinaire, et à mieux comprendre les mécanismes de l'apprentissage de façon générale.

Quelle est cette expertise extraordinaire des chauffeurs de taxi ?

Pour devenir chauffeur, il faut acquérir ce qu'on appelle *the Knowledge* (la « Connaissance » avec un grand K). Il s'agit de connaître de façon approfondie une région de 6 miles de rayon autour de la gare de Charing Cross. C'est une zone dense et emberlificotée, qui comporte 25 000 rues et 20 000 lieux remarquables, depuis les musées et les hôtels jusqu'aux commissariats et restaurants. L'apprentissage dure trois à quatre ans et est centré sur 320 itinéraires de base. Les apprentis taxis doivent connaître ces itinéraires sur le bout des doigts, pouvoir les décrire, avec toutes les rues latérales qui en partent, tous les restaurants dans l'ordre, les feux, etc. On peut voir circuler dans Londres les apprentis taxis, qu'on appelle les « *Knowledge boys and girls* », qui sillonnent la ville en scooter pour s'entraîner. L'examen final est extrêmement difficile et, en moyenne, les candidats se présentent dix ou douze fois avant de l'avoir.

Je suppose que le développement du GPS a peut-être réduit l'intérêt de cette formation exigeante, mais là n'est pas la question. Les taxis sont donc des superexperts dans le domaine de la navigation dans Londres. Sait-on sur quoi repose cette expertise dans leur cerveau ?

Il y a environ quinze ans, des chercheurs londoniens ont montré que dans le cerveau des chauffeurs de taxi, une région particulière, l'arrière de l'hippocampe, était anatomiquement plus développée, que la matière grise y occupait un plus gros volume, par comparaison avec des Londoniens qui n'étaient pas chauffeurs de taxi[1] (Figure 49). D'ailleurs, on peut voir sur le site officiel des transports publics de Londres une publicité pour la profession de taxi qui proclame : « *the Knowledge makes your brain grow* », c'est-à-dire : « la Connaissance fait pousser votre cerveau », un slogan qui a été inspiré par ces recherches.

Il est donc vrai que l'entraînement intensif provoque une augmentation du volume de l'hippocampe des taxis ?

Ce que les chercheurs avaient montré en 2000, c'est que les chauffeurs ont un plus gros hippocampe, mais cette découverte laissait persister un problème de poule et d'œuf. En effet, on peut imaginer soit que l'acquisition de la compétence de chauffeur entraîne une croissance de l'hippocampe, soit que ce sont les gens qui ont déjà au départ un gros hippocampe, et des facilités pour l'orientation dans l'espace, qui choisissent la profession de taxi et réussissent l'examen.

Et quel est donc l'œuf, et quelle est la poule ?

La même équipe a fait paraître il y a peu d'années une étude cherchant précisément à répondre à cette question[2]. Ils ont pris

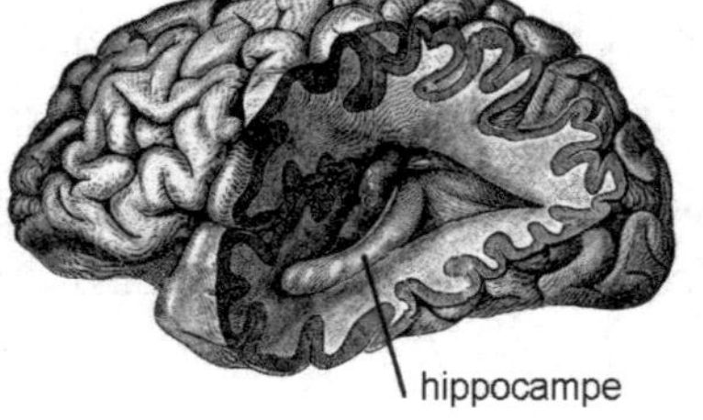

Figure 49. Vue d'un hippocampe, exposé grâce à la découpe de la surface du cerveau.

80 étudiants, tout au début de leurs quatre ans de préparation à la profession de taxi, et ont fait une IRM de leur cerveau. Les chercheurs se sont armés de patience, ont attendu quatre ans et ont fait une seconde IRM, de façon à pouvoir comparer le cerveau des mêmes individus avant et après leur entraînement. En fait, ils ont étudié séparément ce qui se passe dans trois sous-groupes de sujets : premièrement, les étudiants qui ont réussi leur examen final et qui ont obtenu leur licence de taxi ; deuxièmement, ceux qui ont raté leur examen ; troisièmement, des sujets contrôles qui ont passé ces quatre années à faire quelque chose de tout à fait différent. Point très important pour espérer déterminer si c'est l'entraînement qui est la cause du développement de l'hippocampe, ou le contraire, ils se sont assurés qu'au départ, avant les quatre années d'apprentissage, ces trois groupes ne différaient en rien : il n'y avait pas de différence sur le plan intellectuel (même QI, mêmes capacités de mémoire ou d'orientation, etc.), et pas de différence anatomique entre leurs cerveaux (en particulier pas de différence de taille des hippocampes).

Et les cerveaux ont-ils changé au cours des quatre années d'apprentissage de la topographie de Londres ?

Il y a eu une augmentation, modeste mais mesurable, de la matière grise de l'hippocampe, mais uniquement chez les étudiants qui avaient réussi leur examen de taxi et qui s'étaient entraînés plus que les autres. Chez ceux qui avaient échoué, et bien sûr chez les sujets contrôles, aucun changement n'était survenu au cours du temps.

Tout cela soutient évidemment l'idée que l'hippocampe joue un rôle dans la navigation dans l'espace. Sait-on plus précisément quel est ce rôle ?

L'idée que l'hippocampe sert à se localiser repose surtout sur des études réalisées chez le rat, et qui ont notamment donné lieu aux prix Nobel de May-Britt et Edvard Moser et de John O'Keefe en 2014. Chez l'homme, le rôle de l'hippocampe dans l'orientation dans l'espace est moins bien connu. On connaît surtout son importance dans la mémoire, en particulier dans la formation de souvenirs des événements de notre vie. Il se trouve que la même équipe londonienne, il y a quelques années, a eu la « chance » de pouvoir étudier un chauffeur de taxi qui avait souffert d'une encéphalite, et dont les hippocampes avaient été gravement endommagés[3]. En étudiant ce qu'un taxi perd de ses capacités en perdant ses hippocampes, on peut déduire logiquement à quoi les hippocampes lui servaient lorsqu'ils étaient intacts.

Et le taxi sans hippocampe était-il complètement perdu dans Londres ?

Nullement ! Il s'en sortait même très bien, lorsqu'on testait sa connaissance de la topographie de Londres dans le laboratoire de psychologie. Mais les chercheurs ont aussi testé ses compétences de façon plus réaliste, en lui demandant de conduire effectivement son taxi d'un point A à un point B dans Londres. En fait, ils ont utilisé un Londres reconstitué en réalité virtuelle, comme dans un jeu vidéo. Ils ont alors remarqué que pour les trajets qui ne nécessitent de passer que par des grandes artères, il n'avait aucun problème. Cette préservation s'explique probablement par le fait que ces grandes artères sont connues de façon abstraite et théorique, comme si vous connaissiez par cœur un guide touristique de la ville. En revanche, les trajets demandant d'inventer un circuit inédit, passant par des petites rues, mettaient le patient en grande difficulté. C'est comme si l'hippocampe était nécessaire pour se remémorer des souvenirs vécus du passage par les petites rues et, grâce à ces souvenirs vécus, à élaborer de nouveaux trajets. Une telle explication réconcilierait les deux rôles de l'hippocampe, dans la mémoire et la navigation. Cette histoire de taxis montre que l'anatomie de notre cerveau n'est pas absolument fixée, mais peut légèrement se modifier au cours de la vie, en fonction des compétences que nous acquérons.

CHAPITRE 7

Les bienfaits de la bombe atomique

La capacité de notre cerveau à apprendre et à se modifier persiste jusqu'à notre dernier jour, même si cette plasticité est plus importante dans l'enfance. On entend d'habitude dire que la plasticité repose sur des changements dans les connexions qu'établissent entre eux les neurones, mais que le stock de neurones ne se renouvelle pas. Est-ce bien le cas ?

Cela a été longtemps un dogme que les neurones prolifèrent pendant que nous sommes dans le ventre de notre mère, puis cessent de se multiplier au-delà des alentours de la naissance. Ce dogme a toutefois été remis en cause progressivement depuis les années 1960. Il semble bien que de nouveaux neurones se créent dans certaines régions particulières du cerveau, ceci au cours même de la vie adulte[1]. Je voudrais illustrer l'ingéniosité dont les neuroscientifiques ont fait preuve en employant des bombes atomiques plutôt que des microscopes pour s'attaquer à ce problème de neurobiologie.

Des bombes atomiques ?

Naturellement, on n'a pas fait exploser de bombes juste pour faire plaisir aux neuroscientifiques, qui ont simplement trouvé moyen de profiter des explosions nucléaires militaires. Pour bien comprendre, nous devons commencer par faire un peu de physique. On a tous entendu parler du carbone 14 (^{14}C), qui sert à dater des objets antiques ou préhistoriques. Comment cela marche-t-il ? Parmi les gaz qui composent l'atmosphère, il y a un peu de dioxyde de carbone, le fameux CO_2. Comme son nom l'indique, les molécules de ce gaz contiennent des atomes de carbone. Ce carbone est à 99 % ce qu'on appelle du carbone 12, mais il y a aussi une petite proportion (un milliardième) d'une variante de carbone, un peu plus lourde, qu'on appelle ^{14}C. La proportion de ^{14}C ne change guère au cours du temps. D'une part, il s'en fabrique en permanence un peu de nouveau, sous l'effet des rayons cosmiques qui bombardent l'atmosphère et transforment quelques atomes d'azote en ^{14}C. Mais, d'autre part, il s'en détruit en permanence, puisque le ^{14}C n'est pas stable (on dit qu'il est radioactif) et se retransforme doucement en azote. Donc, bon an mal an, la proportion de ^{14}C dans l'atmosphère reste la même.

Et les bombes ?

J'y viens. Il se trouve qu'à partir des années 1950 il y a eu une « guerre froide » entre les États-Unis et l'URSS, et que les deux camps on fait la course pour développer des bombes atomiques de plus en plus puissantes. Entre 1955 et 1963, pour les besoins de ces essais, et sans souci d'écologie ni de santé publique, ils faisaient exploser leurs bombes en pleine atmosphère. Ce sont les fameux champignons atomiques. En 1963, un traité d'interdiction partielle des essais nucléaires a été signé par Kennedy, Khrouchtchev, et de nombreux autres pays. Pour en revenir à nos moutons, ces explosions à ciel ouvert ont eu pour conséquence une augmentation spectaculaire de la proportion de ^{14}C dans le CO_2 de l'atmosphère. On voit très bien le taux de ^{14}C monter en flèche à partir de 1955, avec un maximum vers 1963 (Figure 50). Ensuite, du fait de l'arrêt des essais, ce taux redescend, et est toujours en train de redescendre, vers son niveau habituel.

L'histoire des bombes est claire, mais comment ce pic dans le taux atmosphérique de ^{14}C a-t-il permis d'étudier la naissance des petites cellules grises dans le cerveau ?

Les cellules ne naissent pas de rien. Quand on dit que de nouvelles cellules naissent, il s'agit en fait de la division en deux de cellules déjà existantes. Vous avez une cellule au départ,

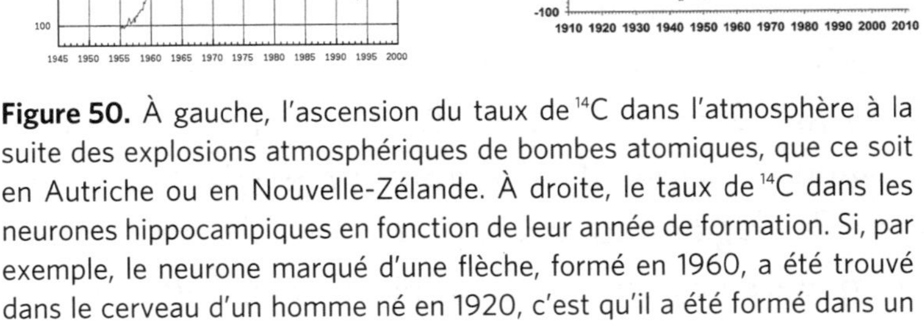

Figure 50. À gauche, l'ascension du taux de ^{14}C dans l'atmosphère à la suite des explosions atmosphériques de bombes atomiques, que ce soit en Autriche ou en Nouvelle-Zélande. À droite, le taux de ^{14}C dans les neurones hippocampiques en fonction de leur année de formation. Si, par exemple, le neurone marqué d'une flèche, formé en 1960, a été trouvé dans le cerveau d'un homme né en 1920, c'est qu'il a été formé dans un cerveau de 40 ans.

elle se divise en deux, ce qui vous fait deux cellules. Mais au cours de la division, il se passe quelque chose d'extrêmement important : la cellule qui se divise doit fabriquer une grande quantité d'ADN, elle doit en fait doubler sa quantité d'ADN, pour que les deux cellules filles aient chacune un stock complet d'ADN portant le code génétique hérité de la cellule mère. Comme toutes les molécules organiques, l'ADN est en bonne partie fait de carbone. Donc lors de la division, la cellule, pour fabriquer le nouvel ADN, se sert du carbone présent dans l'atmosphère à ce moment-là. La conséquence, c'est que le taux de ^{14}C dans l'ADN d'une cellule est le même que le taux dans l'atmosphère lors de la naissance de cette cellule.

Donc si une cellule est née en 1960…

… son ADN contiendra la proportion de ^{14}C qui se trouvait dans l'air en 1960. Vous voyez qu'on a là, grâce aux bombes, une manière de déterminer la date de naissance des cellules. Une cellule née en 1963 aura, du fait des bombes, un taux élevé de ^{14}C. Une cellule née avant 1955 aura un taux bas de ^{14}C.

En pratique, comment les chercheurs ont-ils donc fait pour répondre à la question de départ qui était de savoir si les cellules se divisent dans le cerveau des adultes humains ?

Ils ont pris les cerveaux de personnes décédées et autopsiées en Suède entre 2000 et 2012, et qui étaient nées tout au long du XXe siècle[2]. Ils ont ensuite prélevé les hippocampes, qui sont les régions du cerveau dont on a des raisons de suspecter que les neurones s'y multiplient, et qui jouent un rôle important dans la mémoire (voir, *supra*, Figure 49). Dans les hippocampes, ils ont séparé les neurones des autres cellules qui ne les intéressaient pas. Ils ont ensuite extrait l'ADN de ces cellules hippocampiques et ont mesuré le taux de ^{14}C dans l'ADN. En faisant correspondre ce taux de ^{14}C avec la courbe du taux atmosphérique de ^{14}C, ils ont logiquement déterminé l'année de naissance des neurones.

L'idée, si je vous suis bien, est ensuite de savoir quel âge avait la personne de qui provenaient les neurones lorsque ces neurones sont nés ?

Exactement. Et rien de plus simple en principe : si Monsieur X. est né en 1930, et qu'on trouve dans son cerveau des neurones qui sont nés en 1960, c'est que ces neurones se sont formés alors que Monsieur X. avait 30 ans. On peut en conclure de façon générale que des neurones nouveaux se forment jusqu'à l'âge adulte.

Pour conclure, comment récapituler les conclusions tirées de cette utilisation ingénieuse de la guerre froide ?

Des neurones nouveaux se forment jusqu'à l'âge adulte, au moins jusque dans la quarantaine. Ce renouvellement concerne environ un tiers des cellules de l'hippocampe, ce qui correspond à environ 1 400 nouvelles cellules par jour. L'hippocampe a l'air d'être la seule région du cerveau humain où les choses se passent comme cela. Reste encore ouverte la question de savoir si ce renouvellement joue un rôle important dans le fonctionnement de la mémoire ou pas. Il semble qu'il joue un rôle, mais ceci est une autre histoire.

CHAPITRE 8

Plus besoin de ma tête, j'ai Internet !

Il est clair que notre cerveau a des capacités d'apprentissage gigantesques, mais nous n'avons peut-être pas besoin de l'encombrer autant qu'avant, maintenant qu'une quasi-infinité d'informations sont disponibles sur Internet en une fraction de seconde. Pensez-vous qu'il se passe des choses vraiment nouvelles dans le cerveau d'un utilisateur intensif d'Internet ?

En ce qui concerne les mécanismes cérébraux de base, cela ne change sans doute pas grand-chose. Il n'y a pas beaucoup de différence entre lire un texte sur une feuille de papier et le lire sur un écran, entre cliquer sur une souris et tourner une page. En revanche, le fait d'avoir au bout des doigts une quantité illimitée d'informations, de pouvoir sauter en un instant d'un domaine à l'autre, tout cela peut changer les stratégies intellectuelles que nous utilisons, notre manière de réfléchir.

Et ce sont des changements en bien ou en mal ?

La question ne se pose pas comme cela. Il y a quelques années, Nicholas Carr a publié un livre intitulé *Internet rend-il bête ?*, qui a eu un assez grand succès international[1]. En gros, il suggère que le surf effréné sur Internet nous pousse à une pensée superficielle, papillonnante, et que nous ne sommes plus capables de concentration intellectuelle, d'une réflexion suivie, de la lecture approfondie d'une œuvre littéraire. En réalité, ce point de vue est tout à fait subjectif, et vous trouverez sans doute une majorité de gens qui, au contraire, vous diront que leur réflexion est nourrie par la profusion d'informations aisément accessibles. Je cherchais hier des informations sur les langues parlées en Espagne dans l'Antiquité avant la conquête romaine. Je n'ai pas eu besoin de semaines à parcourir d'obscures bibliothèques ; j'ai eu la réponse en dix secondes, sur mon téléphone, en faisant la queue au pressing.

L'impact intellectuel d'Internet semble donc être une affaire de goût, sans qu'on puisse en conclure grand-chose objectivement…

Ce n'est pas sûr. Par exemple, une étude récente a porté sur la manière dont nous utilisons notre mémoire à l'âge de l'informatique. En effet, la fonction la plus évidente d'Internet est celle de mémoire extérieure. Cela n'a rien de nouveau dans le principe. Si vous faites confiance à votre femme pour se souvenir des dates d'anniversaire des membres de la famille, vous utilisez la mémoire de votre femme comme une sorte d'annexe de la vôtre. Les livres, évidemment, sont depuis bien longtemps un autre genre d'annexe extérieure de notre mémoire. C'est donc la même chose pour Internet, en mieux…

Vous venez de mentionner une étude scientifique portant sur cela…

En effet. Ce travail est paru il y a quelques années dans l'illustre revue *Science*[2]. Dans leur première expérience ils ont commencé par poser à des étudiants des questions assez difficiles, auxquelles il fallait répondre par oui ou non (le Danemark est-il plus grand que le Costa Rica ?). Après quelques questions de ce genre, ils ont présenté une liste de mots, en demandant aux sujets de ne pas se soucier de ce que ces mots voulaient dire, mais simplement de dire la couleur de l'encre utilisée (Figure 51). Or, pour donner la couleur d'un mot, on va très vite si c'est un mot qui n'a aucun intérêt pour vous à ce moment. En revanche, si c'est un mot auquel vous pensez à cet instant, il est difficile de s'empêcher de faire attention à son sens. Et quand on fait attention au sens d'un mot, on va plus lentement pour indiquer la couleur de son encre ! C'est une espèce de système de lecture de pensées très rudimentaire : si vous mettez beaucoup de temps pour donner la couleur de l'encre d'un mot, c'est que vous étiez en train de penser à ce mot.

Et quel rapport avec Internet ?

Il y avait dans cette liste des mots qui ont à voir avec Internet et les moteurs de recherche (Google, Yahoo) et d'autres mots sans aucun rapport (Nike, Yoplait). Or il se trouve qu'après avoir dû répondre à des questions difficiles, les sujets de l'expérience étaient très lents pour donner la couleur de l'encre

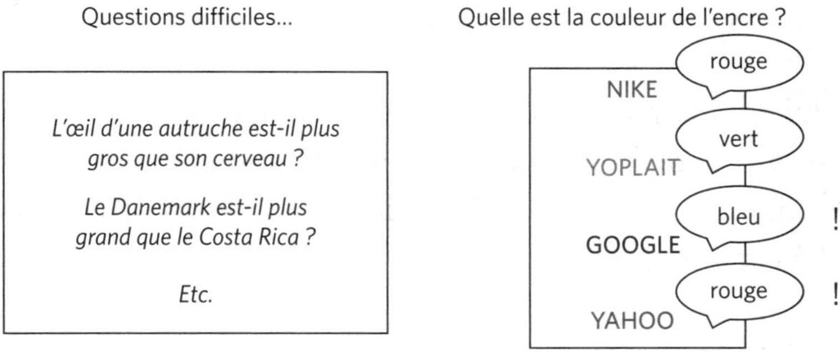

Figure 51. Quelques instants après avoir tenté de répondre à une question difficile, les noms de moteurs de recherche captivent l'attention, ce qui rend plus difficile la réponse à une autre tâche simultanée (nommer la couleur de l'encre).

de mots comme Google ou Yahoo, plus lents que pour Nike ou Yoplait. Autrement dit, confrontés à la nécessité de répondre à des questions difficiles, nous pensons automatiquement à aller chercher l'information sur Internet…

C'est subtil, mais on aurait peut-être pu s'en douter sans faire cette expérience… Qu'y avait-il d'autre dans cette étude ?

Les expériences suivantes sont plus intéressantes à mon avis. Schématiquement, ils ont fourni à leurs sujets des informations pointues (par exemple : « L'indicatif téléphonique de l'Antarctique est le 672 », « La profession officielle d'Al Capone était brocanteur »), en leur demandant de les entrer au fur et à mesure dans un ordinateur. À certains sujets, ils ont dit que tout ce qu'ils entraient dans l'ordinateur serait sauvegardé et qu'ils pourraient s'en servir pour retrouver l'information ultérieurement. Aux autres sujets, on disait que toutes les informations qu'ils tapaient dans l'ordinateur seraient effacées. Une fois ceci fait, on a interrogé les sujets de cette expérience…

Pour savoir s'ils se souvenaient de l'indicatif de l'Antarctique ?

Oui, d'une part, pour savoir s'ils avaient mémorisé toutes ces informations, mais aussi pour savoir s'ils se souvenaient exactement où et dans quel dossier de l'ordinateur ils avaient stocké chaque information.

Et quel est le résultat ?

Les sujets qui pensaient que les informations seraient effacées de l'ordinateur les avaient très bien mémorisées ; en revanche, ils ne se souvenaient pas de l'endroit où ils les avaient rangées sur l'ordinateur. Inversement, chez les sujets qui pensaient que l'information resterait disponible, c'était exactement le contraire : ils avaient oublié beaucoup des informations, mais, en revanche, se souvenaient bien de l'endroit où ils pouvaient aller les chercher sur l'ordinateur. Autrement dit, quand vous disposez d'Internet, vous utilisez moins votre mémoire pour vous souvenir des choses elles-mêmes, mais plutôt pour mémoriser leur emplacement, la manière d'aller les retrouver.

Comment conclure ?

Ma conclusion serait plutôt que ce qu'Internet fait de plus intéressant, c'est de créer une sorte de cerveau collectif planétaire, *via* les e-mails, les réseaux sociaux, un cerveau géant dont nous sommes chacun un petit neurone !

CINQUIÈME PARTIE

Pourquoi faire quelque chose, plutôt que rien ?

Pourquoi se lever le matin ? Pourquoi transpirer en courant un semi-marathon tous les dimanches matin ? Pourquoi partir en vacances au soleil ? Pourquoi préparer chaque jour le petit déjeuner ? Pourquoi accepter les brimades de son supérieur hiérarchique ? Bref, pourquoi faire quelque chose plutôt que rien ? Parce que nous sommes « motivés ». Nous avons un motif, bon ou mauvais, à chacune de nos actions. Une motivation se forme dans notre cerveau, et nous met en marche. Sans motivation, aussi savant et compétent que vous soyez, vous resteriez assis sur une chaise, littéralement jusqu'à ce que mort s'ensuive. Cela devrait suffire à vous convaincre de l'importance du sujet…

Depuis plusieurs années, l'étude des mécanismes cérébraux de la motivation est en plein essor, que ce soit dans le domaine du normal ou du pathologique. Car il existe naturellement des malades de la motivation : nous commencerons en discutant du simple manque de motivation, mais il existe mille distorsions de la motivation, comme chez les toxicomanes, qui sont si puissamment et exclusivement motivés par la recherche de leur drogue qu'ils sont prêts à tous les renoncements et toutes les transgressions pour se la procurer. Paradoxalement, nous verrons aussi que la clé de la motivation n'est pas dans le passé mais dans le futur, dans ce qu'Aristote avait appelé la « cause finale ». En somme, nous agissons pour créer un avenir conforme à nos espérances : nous mangeons afin d'être rassasiés, nous faisons du sport afin de nous sentir inondés d'endorphines et, à plus long terme, afin de jouir d'une vieillesse longue et gaillarde. Mais tout d'abord, un mot de la paresse, délice et péché.

CHAPITRE 1

Travailler, c'est trop dur : les neurosciences de la paresse

« Pourquoi faire quelque chose, plutôt que rien ? », nous souffle à tous la déesse de la paresse. « Tu as raison… », répond le paresseux. Le paresseux serait en principe capable d'agir, il aurait même sans doute intérêt à agir, et pourtant il préfère rester vautré dans son coin. Ce qui manque au paresseux, ce ne sont pas les compétences et le savoir-faire, c'est la motivation.

Je suppose que dans un contexte médical, on ne parle pas de paresse. Il ne serait pas convenable de dire : « Ce patient est paresseux. »

En effet, quand le manque de motivation prend des proportions pathologiques, on ne parle pas de paresse, mais d'apathie. La paresse est un trait de caractère normal, plus ou moins développé chez les uns et les autres. En revanche, l'apathie est un véritable symptôme médical.

Comment peut-on définir l'apathie de façon plus précise ?

Il existe, bien sûr, une frontière floue entre le normal et l'anormal, et pour cerner plus rigoureusement ce qu'est l'apathie, des collègues de la Salpêtrière ont proposé de la définir comme une réduction des comportements volontaires et dirigés vers un but[1]. Ces deux points sont importants. « Volontaires », cela signifie que de lui-même un patient apathique ne va pas agir, mais que si on le stimule, il se mettra en mouvement, ira se laver et s'habiller. De même, dans le cas (non pathologique) de l'adolescent flemmard, celui-ci laissera spontanément s'installer le chaos dans sa chambre, jusqu'à ce que ses parents l'incitent énergiquement à passer à l'action. Le second point – les comportements « dirigés vers un but » – signifie que seules comptent comme actions véritables celles qui ont un sens, un but. Vous pourriez dire : « Je ne suis pas apathique, je reste assis toute la journée sur une chaise, mais je me tourne énergiquement les pouces ! » Se tourner les pouces, c'est une action stéréotypée, dépourvue de tout but. Certains patients apathiques peuvent passer leur temps à plier et à déplier des mouchoirs, à monter et descendre les escaliers, à compter les carrelages sur le sol. Ce ne sont pas des activités dirigées vers un but.

Dans quels genres de maladies une telle apathie peut-elle se produire ?

L'apathie, ainsi définie, peut se rencontrer dans une grande variété de maladies psychiatriques ou neurologiques. Du côté psychiatrique, l'apathie est, par exemple, un signe courant de dépression. Il arrive que les gens souffrant d'une dépression grave restent en permanence couchés (ce qu'on appelle la clinophilie), sans pouvoir rien faire de leurs journées. L'apathie se voit aussi dans de nombreuses maladies cérébrales dégénératives, que ce soient les plus connues comme la maladie d'Alzheimer ou la maladie de Parkinson, mais plus encore dans ce qu'on appelle les « démences frontales », pathologies qui affectent surtout les régions les plus antérieures du cerveau, placées derrière le front (Figure 52). Dans certaines dégénérescences frontales, l'apathie peut être le premier et longtemps le seul symptôme. Des gens jusqu'alors actifs et entreprenants deviennent progressivement oisifs et indifférents[2].

Vous parlez de dégénérescence frontale. Les lobes frontaux ont donc une importance particulière dans l'apathie, considérée comme un symptôme médical ?

En effet, et ce n'est pas par hasard. Les lobes frontaux (et des noyaux situés dans les profondeurs du cerveau et étroitement connectés aux lobes frontaux) sont essentiels pour la motivation et la réalisation de tous les comportements spontanés et

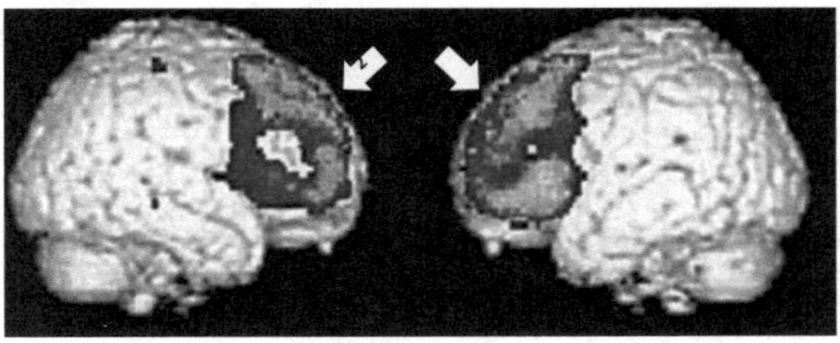

Figure 52. Dans les démences frontales, les régions les plus antérieures du cerveau voient leur activité métabolique diminuer progressivement. On voit ici en noir ces régions dont l'activité, mesurée en tomographie par émission de positons, est plus basse que chez des sujets bien portants.

dirigés vers un but. Par conséquent, toutes les formes d'apathie résultent de pannes de ces systèmes fronto-sous-corticaux, qu'il s'agisse de lésions fixes du tissu cérébral comme dans les maladies dégénératives dont je parlais, ou après un traumatisme crânien ou un accident vasculaire, ou qu'il s'agisse de dérèglements temporaires et curables comme dans une dépression.

Peut-on rentrer un peu plus dans le détail de ces mécanismes de la motivation et de l'action ?

Vous êtes chez vous, c'est le soir, vous avez une petite faim. Deux options se présentent à votre esprit : aller chercher à la cuisine un paquet de chips et l'engloutir, ou bien sortir faire quelques courses, rentrer et vous préparer une escalope à la crème et aux champignons. Pour passer à l'action et s'engager dans un comportement motivé, plusieurs étapes mentales sont nécessaires. Il faut premièrement être capable de concevoir mentalement ces différentes possibilités. Deuxièmement, il faut s'imaginer les avantages et les inconvénients futurs de ces deux options : les chips ont l'avantage de demander beaucoup moins d'effort, mais l'inconvénient de procurer moins de plaisir gastronomique que l'escalope à la normande. Troisièmement, ayant considéré ces avantages et inconvénients futurs, il faut peser le pour et le contre, et choisir une des options, tout en tenant compte de ses goûts, de ses moyens financiers, de son état de fatigue et de faim, et j'en passe. Quatrièmement, il faut effectivement se mettre en route, il faut engager un certain effort dans le passage à l'acte. Cinquièmement, une fois cette motivation acquise, pour arriver effectivement à déguster l'escalope, il faut connaître toutes les étapes de la recette et être capable de la réaliser sans erreur. Toutes ces étapes mettent à contribution différents circuits situés dans les régions frontales et les noyaux qui leur sont associés.

Et donc, toutes ces étapes de la prise de décision reposent sur les régions frontales et les noyaux qui leur sont associés ?

En bonne partie, oui. Mais la neuroéconomie, qui est justement la science des mécanismes de la prise de décision, est en train de disséquer ce système et de montrer que l'imagination des différents scénarios, l'appréciation du plaisir ou du déplaisir qu'on pourra en tirer, la décision elle-même, toutes ces étapes reposent sur différentes régions frontales étroitement connectées entre elles.

Comment un patient apathique se comporterait-il dans cette situation de préparation du dîner ?

Cela dépend de la panne exacte qui affecte son système de prise de décision. Prenons d'abord l'exemple de la dépression[3]. Celle-ci s'accompagne d'un émoussement des émotions, d'une réduction du sentiment de plaisir (ce qu'on appelle anhédonie) et d'une tendance à porter son attention sur les aspects négatifs du monde, à tout voir en noir. Quelqu'un de déprimé aura donc plusieurs raisons de choisir le paquet de chips plutôt que l'escalope, ou plus précisément de manquer de la motivation requise pour préparer une escalope. Tous ses affects étant émoussés, il aura globalement moins d'intérêt pour la question. Des chips ou autre chose, après tout, quelle importance ? De plus, étant anhédonique, lorsqu'il imaginera la consommation de l'escalope, il va sous-estimer le plaisir futur qu'il pourrait en tirer. Enfin, étant pessimiste, il va surestimer les difficultés de l'entreprise (le magasin sera fermé, il va pleuvoir, ça sera cher). Ce sont surtout des régions situées sur la face inférieure des lobes frontaux, juste au-dessus des orbites et de la racine du nez, qui sont impliquées dans ces processus d'évaluation des conséquences bonnes ou mauvaises de nos actions, évaluation qui va conduire à une décision plutôt qu'une autre. C'est d'ailleurs en se fondant sur ce type d'analyse qu'on a été amené à traiter des patients souffrant de dépressions très sévères et inaccessibles aux traitements usuels, en implantant des électrodes de stimulation dans les systèmes cérébraux contrôlant la motivation[4].

L'explication est-elle la même dans les cas de démence frontale dont vous nous parliez ?

Chez les patients frontaux, qui ne sont en général ni tristes ni déprimés, mais plutôt indifférents, ces mêmes régions sont endommagées par la maladie dégénérative, expliquant pour partie l'apathie. Toutefois, chez ces patients, un autre mécanisme peut se surajouter. Pour se lancer dans un projet d'escalope normande, encore faut-il pouvoir élaborer dans son esprit un plan d'action assez complexe, avec des étapes intermédiaires, un ordre précis, plusieurs préparatifs en parallèle, un contrôle permanent de l'avancement de la recette, etc. La capacité à élaborer et à mettre en œuvre un tel plan d'action ressortit à un autre aspect des fonctions des lobes frontaux, à savoir les fonctions exécutives. Ce nom provient de l'anglais *executive*, qui désigne les cadres d'une entreprise, ceux qui en principe planifient, décident, font un travail qui sort de la routine. Cette fois, c'est la face latérale des lobes frontaux qui est surtout en jeu. En insistant un peu, on peut obtenir qu'un patient déprimé vous explique clairement la recette de l'escalope. S'il ne la prépare pas, c'est faute de motivation, pas faute de compétence. En revanche, en examinant des patients souffrant d'une démence frontale, on s'aperçoit souvent qu'ils sont non seulement dépourvus de motivation, mais aussi incapables de développer une pensée créative et organisée. Si vous demandez à un tel patient de vous raconter l'histoire du petit chaperon rouge, ou de vous expliquer comment planifier un voyage au Mexique, il ne va souvent vous proposer que des bribes passablement incohérentes. Bref, outre le défaut de motivation, il peut exister une inertie intellectuelle qui contribue à l'apathie. Comment en effet peut-on mettre en œuvre des comportements dirigés vers un but, si l'on est incapable de concevoir ces buts et les voies pour y parvenir ?

Existe-t-il encore d'autres variantes d'apathie ?

La forme extrême est peut-être ce qu'on appelle parfois la « perte d'autoactivation psychique », ou PAAP[5]. C'est rare, et cela se voit en général après des lésions de ces fameux noyaux sous-corticaux qui participent au système de motivation, par exemple après un arrêt cardiaque. Ces patients perdent toute initiative, peuvent rester assis sur une chaise toute la journée sans rien faire, sans se plaindre, sans rien demander. Un patient est ainsi resté une demi-heure assis sur son lit avec une cigarette éteinte à la bouche. Quand on lui a demandé ce qu'il faisait, il a répondu : « J'attends une allumette. » Le problème d'un autre patient a été découvert quand on l'a retrouvé debout depuis quarante-cinq minutes derrière sa tondeuse à gazon, incapable de se mettre en route. Point important, quand quelqu'un lui a dit : « Vas-y, tonds la pelouse », il a démarré et a tondu sa pelouse. Cette inertie touche non seulement les actions visibles, mais aussi les pensées, et si on leur demande à quoi ils pensent, ils décrivent une sorte de « vide mental », sans douleur, sans tristesse. Chez de tels patients, on a l'impression qu'il y a un défaut d'allumage spontané de tout le système de mise en route des idées et du comportement : ils ne vont pas même penser spontanément à préparer une escalope ou à aller chercher un paquet de chips, ni s'imaginer le plaisir qu'ils pourraient en tirer. En revanche, si leur entourage se charge de cette fonction d'allumage en leur disant de faire ceci ou cela, ils sont capables de le faire. C'est, en somme, une panne totale de la motivation spontanée (Figure 53).

Quittons les patients et revenons au fonctionnement des gens bien portants. Notre point de départ était la paresse, c'est-à-dire le degré d'apathie que nous avons tous, à différents degrés. Est-ce que la

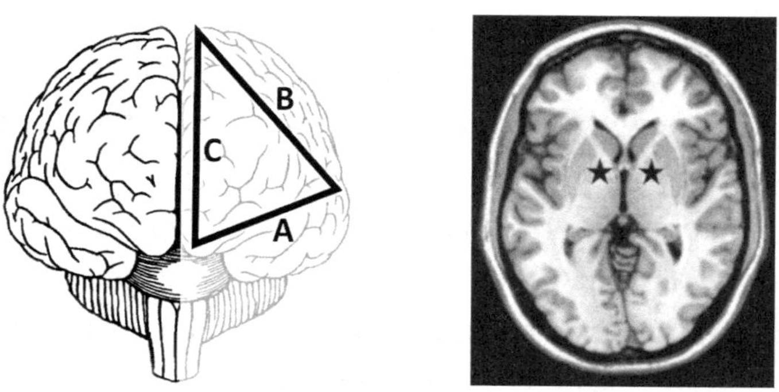

Figure 53. À gauche, une vue de face du cerveau, où l'on voit que le lobe frontal a une forme triangulaire, avec schématiquement une face impliquée dans la motivation (A), une dans les fonctions exécutives (B) et une dans la mise en route des comportements (C). Des dysfonctionnements de ces trois faces peuvent contribuer à engendrer l'apathie. À droite, sur une coupe horizontale de cerveau, les étoiles marquent les « noyaux pâles », connectés au cortex frontal, dont les lésions peuvent provoquer une perte d'autoactivation psychique.

paresse dépend des systèmes frontaux qui sont en jeu dans la dépression et la perte d'autoactivation psychique ?

Une étude est parue il y a un an, réalisée par l'équipe britannique de Masud Husain, qui cherchait à déterminer si la paresse « normale » dépend des mêmes systèmes frontaux que ceux que nous avons évoqués à propos de l'apathie pathologique[6]. Ils ont demandé à des sujets bien portants de remplir des questionnaires d'évaluation de l'apathie : doit-on vous pousser pour que vous vous occupiez de ceci ou cela ? Comment passez-vous vos journées de congés ? etc. Ils leur ont aussi demandé de réaliser des tâches dans une machine d'IRM, pour observer le fonctionnement de leur système cérébral de motivation. Schématiquement, on leur proposait des consignes comme « si vous voulez gagner 20 euros, il faut appuyer sur ce levier à 80 % de votre force maximum ». Chaque fois, les sujets pouvaient accepter ou refuser l'offre et, le cas échéant, appuyer sur le levier. Ils se trouvaient en fait dans une situation proche de celle des chips et de l'escalope : il leur fallait décider d'agir ou non, après avoir pesé le pour et le contre en fonction d'une récompense attendue et d'un effort à fournir.

Et que se passe-t-il chez les paresseux ?

Les résultats sont assez complexes, mais retenons deux points. D'abord, et ce n'est pas une surprise, les sujets les plus paresseux selon les questionnaires rechignent à la perspective d'accomplir des efforts intenses. Ensuite, au niveau cérébral, les sujets les plus paresseux avaient curieusement des activations plus intenses dans des régions qui reflètent l'anticipation de l'effort futur. On pourrait dire que la perspective d'un effort futur activait plus fortement le cerveau des sujets paresseux que des entreprenants. L'interprétation demeure toutefois ambiguë. On peut imaginer que les activations sont intenses parce que les paresseux ont besoin de recruter plus de ressources cérébrales pour arriver à fournir un effort donné. Mais il est aussi possible que les paresseux se représentent un effort donné comme plus intense (d'où de plus fortes activations) que ne se le représentent des individus plus motivés.

Donc, de façon encore plus synthétique, on peut dire qu'entre paresseux et motivés, qui sont tous des gens bien portants, on trouve de petites différences dans le fonctionnement des systèmes frontaux de la prise de décision, ceux même dont l'apathie, véritable symptôme médical, traduit les pannes.

C'est exact ! Et je vous propose de nous reposer un peu avant de passer au chapitre suivant.

CHAPITRE 2

La mémoire du futur

Nous venons de voir que lorsque nous devons choisir entre deux actions (manger un paquet de chips ou se préparer un bon petit plat), nous imaginons de façon anticipée les plaisirs et les difficultés associés à chaque option, puis nous décidons. Nous allons maintenant creuser un peu ce rôle que joue l'imagination dans la prise de décision. Partons d'un vieux proverbe, pour basculer dans les progrès les plus récents des sciences du cerveau : « Un tiens vaut mieux que deux tu l'auras »…

Pourquoi cet aperçu de sagesse populaire ?

Le proverbe se réfère à un type de choix particulièrement fréquent et important : le choix entre réaliser une action qui va mener à une satisfaction (ce que les neuroéconomistes appellent une récompense) immédiate, ou réaliser une action qui va mener à une récompense différée dans le temps. Si vous devez choisir entre recevoir 1 euro tout de suite et 1 euro dans 1 mois, vous allez sans doute préférer recevoir votre euro tout de suite : la récompense perd de son intérêt, de sa valeur, en s'éloignant dans les brumes de l'avenir. Évidemment, on peut compenser cette érosion temporelle en augmentant la récompense éloignée : vous préférerez sûrement recevoir 100 euros dans un mois que 1 euro tout de suite.

C'est clair. Mais dans la réalité, les choix ne peuvent pas se réduire à ce genre de comptabilité simpliste : si vous devez choisir entre un billet de 100 euros tout de suite et un dîner aux chandelles sur une terrasse au clair de lune dans une semaine, ce n'est pas juste une question de valeur financière !

En effet. Nous avons l'intuition que nous donnons de la valeur à l'option « dîner aux chandelles », parce que « nous nous y voyons », nous nous transportons mentalement la semaine prochaine, nous imaginons les délices de ce dîner romantique dans la brise parfumée, et donc nous le choisissons. Autrement dit, ce qui souvent nous motive à choisir une récompense différée dans le futur, c'est que nous faisons un voyage dans le temps, en imagination, vers cette récompense. Ce préambule s'imposait pour parler d'une étude, qui porte précisément sur cette capacité à voyager mentalement dans le futur, qui est à l'origine de beaucoup de nos choix[1].

Comment ont-ils fait ?

Ils ont d'abord mis au point une manière de mesurer objectivement la préférence pour une récompense immédiate plutôt que pour une récompense future. Ils ont proposé aux participants à l'expérience de nombreux choix du type : « Préférez-vous ce paquet de chips que vous voyez là, tout de suite, ou bien un dîner sur un bateau sur la Seine dans un mois ? » En outre, pour chaque choix, ils demandaient aux participants de fournir le plus possible de détails concrets sur la manière dont ils imaginaient la scène future, par exemple le dîner sur l'eau.

Et qu'ont-ils montré comme cela ?

Tout d'abord, ils ont confirmé que le voyage dans le temps, la capacité à s'imaginer dans l'avenir, est essentiel pour les choix que nous faisons. En effet, les scénarios futurs pour lesquels les sujets ont pu produire le plus de détails sont aussi ceux qui ont été le plus souvent préférés. En outre, les participants capables de fournir le plus de détails, donc à l'imagination la plus riche, sont aussi ceux qui ont le plus tendance à préférer l'option future, ce qui confirme le rôle de l'imagination dans le choix.

Et sait-on quels sont les systèmes cérébraux qui permettent cette projection mentale dans le futur ?

Dans cette étude, ils se sont concentrés sur l'hippocampe (voir, *supra*, Figure 49). L'hippocampe est surtout connu pour son rôle dans la mémoire. Il nous permet de nous souvenir des événements que nous avons vécus dans le passé, et lorsque l'hippocampe est en panne, par exemple dans la maladie d'Alzheimer, les patients n'arrivent plus à se remémorer ce qu'ils ont fait la veille ou même quelques minutes plus tôt. Mais en réalité, il semble que l'hippocampe serve à tous les voyages dans le temps, non seulement dans le passé (ce qu'on appelle la mémoire), mais aussi dans le futur. En vérité, il y a peu de différence entre reconstruire en imagination votre soirée d'hier, et vous y projeter, et imaginer votre soirée de demain, et vous y projeter de même.

Si je vous suis bien, si je préfère un dîner aux chandelles dans un mois plutôt qu'un paquet de chips tout de suite, c'est parce que mon hippocampe me permet de me projeter, d'imaginer mon dîner futur, de ressentir le plaisir qu'il pourrait m'apporter et, donc, de le choisir ?

Exactement. D'ailleurs, dans le même article, les chercheurs ont fait faire ces mêmes choix à l'intérieur d'une machine d'IRM. Ils ont montré que l'hippocampe s'active plus fortement pendant que les sujets imaginent leur futur dîner au clair de lune que lorsqu'ils voient un paquet de chips à consommer sur-le-champ. Plus encore, ils ont montré que les participants qui ont le plus tendance à choisir l'avenir sont aussi ceux dont l'hippocampe s'active le plus, ce qui suggère qu'il y a bien là un lien de cause à effet : si son hippocampe est plus actif, le sujet se projette plus intensément dans l'avenir, et donnera donc plus de prix aux récompenses futures malgré leur éloignement (Figure 54).

Peut-on aller plus loin et se demander pourquoi les hippocampes s'activent plus chez certains que chez d'autres ?

Dans le même travail, décidément très riche, ils ont fait un pas de plus. Ils ont mesuré grâce à l'IRM le volume des hippocampes de chaque sujet et ont montré que les sujets qui ont le plus de préférence pour le futur, et dont les hippocampes s'activent le plus, sont aussi ceux qui ont les hippocampes les plus volumineux. Pour interpréter un peu librement, on pourrait dire que si la nature vous a doté de gros hippocampes, vous avez une grande capacité à vous projeter, à vous imaginer dans le futur : vous allez donc donner de la valeur aux plaisirs futurs, et vous pourrez les préférer aux plaisirs immédiats.

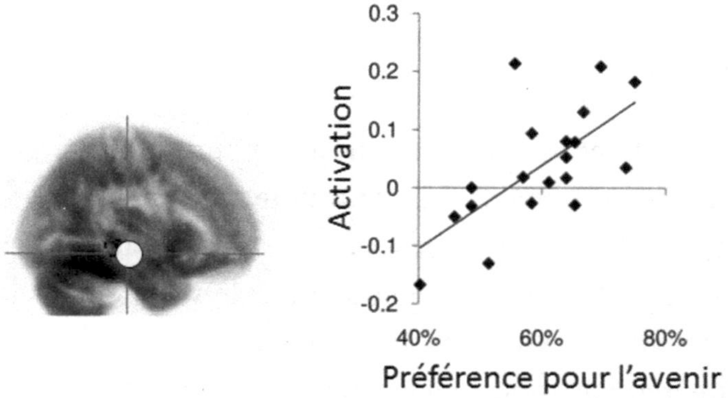

Figure 54. À gauche, la projection dans le temps par l'imagination, qui permet d'évaluer une récompense future, s'accompagne d'activations hippocampiques. À droite, les sujets chez qui ces activations sont les plus fortes sont aussi ceux qui donnent le plus de prix à une récompense future, bien qu'elle soit différée dans le temps (chaque point représente un des participants). © Lebreton *et al.*, 2013.

Mais si on va au bout de votre raisonnement, un patient qui souffrirait d'une maladie d'Alzheimer, et dont les hippocampes seraient abîmés, aurait tendance à préférer les récompenses immédiates plutôt que les futures ?

Vous avez tout à fait raison, et c'est d'ailleurs ce qu'ils ont testé dans le même article. Ils ont proposé ces mêmes choix à des patients souffrant d'une maladie d'Alzheimer qui, en effet, affecte l'hippocampe. À titre de contrôle, ils ont aussi testé des patients souffrant d'une autre maladie dégénérative cérébrale qui touche d'autres régions, en l'occurrence les lobes frontaux. Conformément à ce qui était attendu, les patients souffrant d'une maladie d'Alzheimer choisissent rarement les options futures (le dîner dans un mois) et préfèrent la récompense immédiate (le paquet de chips). Ce n'est pas le cas chez les patients qui souffrent de lésions frontales et dont les hippocampes sont intacts.

Tous ces résultats font une belle démonstration ! Comment pourrait-on récapituler ?

Pour préférer une satisfaction future plutôt qu'un paquet de chips qui est sous vos yeux, il faut pouvoir imaginer ce futur et s'y projeter. Pour ce voyage dans le temps, l'hippocampe joue un rôle important (de même que pour le voyage dans le passé par la mémoire). Ceux d'entre nous qui ont un hippocampe particulièrement robuste vont avoir une imagination du futur particulièrement riche, vont ainsi donner beaucoup de valeur à des récompenses futures et être capables de ne pas se jeter sur les plaisirs immédiats.

Se jeter sur les récompenses immédiates, cela s'appelle être impulsif, n'est-ce pas ?

En effet, l'impulsivité, qui peut prendre des proportions pathologiques, est bien une recherche excessive des récompenses immédiates. On a montré qu'il y a une sous-estimation des plaisirs futurs et une surestimation relative des plaisirs immédiats, dans beaucoup de dépendances à des toxiques comme le tabac et alcool, et plus encore pour les drogues illicites[2]. Dans tous ces cas, lorsque la perspective d'une récompense s'éloigne dans l'avenir, elle perd rapidement toute valeur aux yeux d'un toxicomane, qui a besoin de son plaisir à l'instant même. Cela peut se quantifier assez précisément. Pour revenir à notre premier exemple, vous préférerez 50 euros (mais peut-être pas 10 euros) dans un mois plutôt que 1 euro tout de suite. Un toxicomane préférera 1 euro tout de suite, parce qu'à ses yeux les 50 euros perdent très rapidement toute valeur en s'éloignant dans le futur.

À l'inverse, existe-t-il des situations où le futur est non pas sous-estimé, mais surestimé ?

On pourrait dire qu'une foi religieuse absolue dans l'idée que nous irons dans un paradis merveilleux après la mort conduit à donner une valeur immense à ce futur imaginé. C'est un cas extrême de notre capacité à attribuer de la valeur à une perspective future. Cela aide peut-être à supporter les souffrances du monde présent, en dévalorisant celui-ci comparativement au futur radieux. Quelqu'un avait appelé cela l'opium du peuple…

CHAPITRE 3

La vie en rose ou l'optimisme des neurones

Nous avons vu que la façon dont nous imaginons l'avenir guide nos choix présents. D'une façon générale, colorons-nous cet avenir, par définition inconnu, de teintes claires ou sombres ? Sommes-nous des animaux optimistes ou pessimistes ?

Nous avons tendance à être plutôt optimistes, à voir la réalité plus rose qu'elle ne l'est vraiment. C'est bien pour cela que les gens jouent au loto, alors que la chance de gagner est négligeable, pour cela que les conseillers financiers promettent des lendemains qui chantent à la Bourse, pour cela qu'on fume en pensant bien passer entre les gouttes de l'infarctus et du cancer. Plus objectivement, des chercheurs ont demandé à des sujets si, selon eux, ils avaient plus ou moins de chances que la moyenne de souffrir de diverses maladies, notamment de cancer[1]. La réalité brute, c'est naturellement que la moitié de la population a plus de risques que la moyenne, et la moitié de la population moins de risques que la moyenne. Or beaucoup plus de la moitié des gens pensent courir moins de risques que la moyenne, ce qui illustre bien ce biais d'optimisme.

L'optimisme est peut-être simplement une conséquence de l'ignorance. La plupart des gens ne connaissent pas les chiffres exacts des risques liés au tabac, ou les probabilités réelles de gagner au loto. Bref, si nous étions mieux informés sur le monde, nous serions sans doute moins optimistes…

Cela peut jouer, bien sûr. Mais, en réalité, notre optimisme est très résistant à l'épreuve des faits. Nous sommes soumis à un phénomène psychologique qu'on appelle l'« effet *good news bad news* », c'est-à-dire l'« effet bonnes nouvelles mauvaises nouvelles ». Autrement dit, nous accordons moins de poids aux mauvaises nouvelles qu'aux bonnes.

Pouvez-vous nous en donner un exemple ?

Je vais vous décrire une expérience réalisée par des chercheurs de l'équipe londonienne de Ray Dolan[2]. Elle se déroule en trois étapes. Première étape, on vous demande d'évaluer un certain nombre de risques (avoir la maladie d'Alzheimer, un cancer, se faire cambrioler, avoir un accident de voiture…). Vous donnez à chacune de ces questions votre estimation du risque – par exemple, « je pense avoir une probabilité de 30 % d'avoir un cancer ». Dans un deuxième temps, on vous donne les valeurs réelles. Par exemple, « le risque que vous ayez un cancer est de 50 % » ou « de 10 % ». Dans un troisième temps, à l'occasion d'une autre séance de test, on vous repose les mêmes questions, en vous demandant d'estimer une seconde fois les mêmes risques que la première fois.

Mais entre-temps, on a reçu des informations sur la réalité, la valeur réelle du risque…

En général, vous ne vous souvenez pas précisément des valeurs réelles qu'on vous a fournies, mais votre seconde estimation va tout de même être plus proche de la réalité que la première. Par exemple, si la première fois votre estimation du risque de cancer était à 30 %, et la valeur réelle à 50 %, votre seconde estimation va être peut-être à 35 %, c'est-à-dire plus proche de la réalité que la première.

Ainsi, nous corrigeons nos prédictions en fonction de la réalité. Par conséquent, notre optimisme béat devrait disparaître à l'épreuve des faits…

Pas vraiment. En effet la correction de nos prédictions est plus fortement influencée par les bonnes que par les mauvaises nouvelles. Je m'explique, avec le même exemple. Vous pensiez au départ que le risque de cancer était à 30 %. Or la valeur réelle est à 50 %. Très mauvaise nouvelle ! La réalité est bien pire que ce que vous pensiez ! Donc, vous rectifiez votre estimation, mais pas de beaucoup, puisque vous passez de seulement 30 à 35 %, soit une révision dans le sens pessimiste de seulement 5 %. Imaginez maintenant que vous receviez une très bonne nouvelle : le risque réel de cancer n'est pas de 30 % comme vous le croyiez, mais seulement de 10 %. Ouf ! Là encore, vous allez réviser vos prédictions dans le sens de la réalité, mais comme il s'agit d'une révision optimiste, votre estimation du risque va passer par exemple de 30 % à 20 %. La mauvaise nouvelle vous a fait réviser votre appréciation du risque de 5 % dans le sens pessimiste, et la bonne nouvelle de 10 % dans le sens optimiste.

Ce qui explique que notre optimisme de base résiste à l'épreuve de la réalité. Connaît-on les mécanismes cérébraux de l'optimisme ?

En tout cas, on a étudié l'origine de cette différence entre l'impact des bonnes nouvelles et des mauvaises nouvelles. L'expérience d'estimation des risques et de révision des estimations que je vous ai décrite a été réalisée en IRM fonctionnelle, et très schématiquement on a trouvé des régions frontales gauches qui s'activent en proportion de la bonne nouvelle : si je croyais que le risque était de 50 % et qu'en fait j'apprends qu'il n'est que de 5 %, c'est une excellente nouvelle, d'où une forte activation frontale gauche.

Fort bien, mais le seul fait qu'elle s'active ne prouve pas que cette région joue vraiment un rôle dans notre résistance obstinément optimiste aux mauvaises nouvelles.

Vous avez raison. L'imagerie cérébrale ne suffit pas à démontrer qu'une région qui s'active est réellement nécessaire à l'exécution de la tâche en cours. Ces mêmes chercheurs ont donc utilisé la technique de stimulation magnétique transcrânienne (TMS) pour mettre temporairement hors circuit cette région frontale gauche[3]. Ils ont alors fait passer le même test d'estimation de risque. Comme avant, les gens étaient influencés par la connaissance de la valeur réelle du risque, mais, fait nouveau, ils étaient maintenant influencés exactement autant par les mauvaises nouvelles que par les bonnes. D'une certaine manière, ils étaient redevenus plus sensibles à la réalité, même quand celle-ci poussait au pessimisme…

Prenons un peu de recul. Admettons que nous soyons d'une nature optimiste. A-t-on la moindre idée de l'avantage que cela pourrait présenter pour une espèce animale d'être de la sorte optimiste contre vents et marées ?

En fait, on pourrait penser que l'optimisme est plutôt un inconvénient, parce qu'il conduit à des déceptions cuisantes. Si vous vous attendiez à réussir à votre examen et que vous échouez, la déception, la souffrance, la tristesse vont être d'autant plus fortes. Mais en réalité, les choses ne se passent pas ainsi. Des psychologues ont montré qu'après avoir échoué à un test, les gens qui attendaient leurs résultats dans un esprit pessimiste ne se sentent pas mieux, moins tristes ou plus détendus, que ceux qui attendaient les résultats avec optimisme[4]. Le pessimisme ne protège pas des déconvenues. Pour conclure sur l'utilité de l'optimisme, on peut imaginer que dans des circonstances difficiles, le pire est de laisser tomber, de s'asseoir par terre et d'attendre sans rien faire. Pour s'en sortir, il faut rester actif et donc motivé. Et la source de la motivation, c'est précisément l'espoir d'un avenir meilleur. Churchill, qui savait de quoi il parlait, a dit à peu près : « En ce qui me concerne, je suis optimiste. Ça a bien l'air d'être la seule attitude utile… »

CHAPITRE 4

Je fais toute confiance à mon banquier ! Quoique…

Nos actions dépendent des retombées futures que nous en attendons, colorées avec plus ou moins d'optimisme. Mais je suppose que les choix que nous faisons dépendent aussi de l'image plus ou moins idéalisée que nous avons de nous-mêmes. Si vous vous rêvez comme père de famille exemplaire, vous allez acheter une voiture terne et corpulente propre à transporter une nombreuse marmaille. Si vous vous imaginez en irrésistible play-boy, vous lorgnerez une décapotable rutilante, dans laquelle la marmaille se tassera tant bien que mal.

En effet. Abordons cette question de l'image de soi de façon un peu indirecte, par le cas… des banques. Nous verrons que l'image que les banquiers ont d'eux-mêmes les pousse parfois à des conduites douteuses. Nous avons tous à faire, tout le temps, avec les banques, qui jouent un rôle énorme dans notre vie quotidienne. Elles reçoivent nos salaires, font marcher les cartes de crédit, sans parler des éventuels placements et prêts immobiliers. Pourtant, l'image qu'elles ont dans l'actualité est assez catastrophique, sans doute du fait d'un certain nombre de scandales retentissants survenus au cours des dernières années, de JPMorgan à la Société générale, au Crédit lyonnais, et j'en passe. Dans tous ces cas, il a été question de malversations de la part de banques qui cherchaient le profit en flirtant avec les limites de la légalité.

Cela veut-il dire qu'il serait en quelque sorte « normal » pour la culture bancaire de chercher le profit à tout prix, avec une notion un peu souple de l'honnêteté ?

C'est en tout cas la question que se sont posés des neuro-économistes zurichois très réputés, dans une étude assez remarquable parue dans la revue *Nature*[1]. Ils se sont demandé ni plus ni moins si la malhonnêteté fait foncièrement partie de la culture bancaire. Cela soit dit sans vexer tous les nombreux employés de banque qui nous lisent, et qui sont individuellement ni plus ni moins honnêtes que tout un chacun, comme nous le verrons.

Ces chercheurs ont donc comparé l'honnêteté de banquiers et d'employés d'autres entreprises ?

Non, ce n'est pas si simple. Imaginez que vous fassiez ce que vous suggérez et que vous trouviez une différence entre banquiers et non-banquiers, vous ne pourriez pas conclure que c'est *parce qu'ils sont banquiers* qu'ils sont malhonnêtes. Il pourrait se faire, tout au contraire, que les gens choisissent la profession de banquier parce qu'ils sont malhonnêtes au départ. Ou bien cela pourrait être à cause d'une infinité d'autres différences entre banquiers et non-banquiers : origines sociales, traits de caractère, richesse, etc.

Comment faire pour contourner cette difficulté, puisque vous nous dites qu'on ne peut pas s'en sortir en comparant des banquiers et des non-banquiers ?

Dans cette étude, ils ont fait quelque chose de particulièrement ingénieux. Ils n'ont testé que des banquiers, mais en les incitant à se comporter ou pas « comme des banquiers ». Je m'explique. Cela renvoie à ce qu'on appelle l'économie de l'identité. C'est un concept qui a été développé notamment par George Akerlof, prix Nobel d'économie en 2001[2]. L'idée est que nos choix ne sont pas guidés uniquement par notre intérêt matériel, mais aussi par l'image que nous nous faisons de notre identité. Par exemple, si les femmes fumaient peu au début du XXe siècle, c'est parce que fumer n'était pas conforme à l'image idéale de la femme. Au cours du XXe siècle, cette image a été supplantée par celle de la femme émancipée, qui fume comme un homme et, de fait, les femmes en sont venues à fumer autant que les hommes. Autre exemple, à l'école, il traîne un stéréotype selon lequel ce n'est pas féminin d'être bon en maths et, en raison de ce stéréotype, de cette image de l'identité féminine, des filles choisissent de ne pas s'investir dans les disciplines scientifiques. J'ai pris des exemples sur l'identité sexuelle, mais il existe bien d'autres identités idéales qui influencent nos choix : blanc ou noir, jeune ou vieux, parisien ou méridional, intello ou pas, c'est sans fin.

Ces identités sont finalement des modèles que nous nous fixons et qui guident nos actions. Je suppose que la profession est un élément important de notre identité ?

Certes, et c'est exactement là que je voulais en venir. Les chercheurs dont je vous parle, afin de déterminer si les banquiers sont honnêtes, n'ont pas comparé des banquiers à des non-banquiers, mais des banquiers entre eux, donc des gens parfaitement comparables, mais en mettant plus ou moins en valeur leur identité de banquiers.

Comment ont-ils procédé, plus précisément ?

Ils ont pris 128 employés de banque et les ont divisés au hasard en deux groupes. À l'un des groupes, ils ont posé une liste de questions portant sur leur profession : « Dans quelle banque travaillez-vous ? » « Quelles sont vos tâches ? » etc. Bref, au moyen de ces questions, ils les faisaient entrer mentalement dans leurs costumes de banquiers. À l'autre groupe, ils posaient une liste de questions sans rapport avec la banque : « Combien de temps regardez-vous la télévision ? » « Quelle est votre couleur de chemise préférée ? » etc. Les sujets de ce second groupe n'étaient donc pas poussés à se voir eux-mêmes comme des banquiers.

Ensuite, je suppose qu'il fallait mesurer l'honnêteté de ces deux groupes. Mais comment, diable, fait-on pour mesurer l'honnêteté dans un laboratoire ?

Simple et génial ! Ils demandaient à chaque sujet de s'enfermer tout seul dans une pièce close, sans aucune surveillance, de jouer à pile ou face dix fois, puis de sortir et de déclarer simplement combien de fois il avait tiré pile. Pour chaque pile déclaré, le sujet gagnait 20 dollars. Les sujets n'étaient authentiquement pas surveillés, et rien n'était plus facile pour eux que de tricher et de déclarer plus de piles qu'il n'en était réellement sorti. En effet, il était impossible pour les expérimentateurs de savoir individuellement qui avait triché. Si, en sortant de son cagibi, un sujet déclare avoir tiré pile huit fois sur dix tirages, on ne peut savoir si c'est la vérité, ou s'il en a ajouté un ou deux en douce. En revanche, il est très facile de savoir si un groupe considéré dans son ensemble a tendance à tricher. Si en moyenne un groupe déclare avoir sorti nettement plus de 50 % de pile, on peut conclure de façon quasi certaine que ce groupe a triché.

Et dans le cas des banquiers, un groupe a-t-il triché plus que l'autre ?

Oui. Les banquiers qui sont en « mode citoyen lambda », auxquels on n'a pas rappelé leur identité de banquiers, ne trichent pas. Ils ne déclarent pas plus de 50 % de pile. En revanche, leurs collègues qu'on a mis en « mode banquier » en leur posant des questions sur leur métier, vont tricher significativement et déclarer en moyenne 58 % de pile.

Donc ce ne sont pas les individus en eux-mêmes qui sont malhonnêtes...

En effet, et j'espère sincèrement ne pas me fâcher avec mon banquier : quand ils ne sont pas guidés par leur identité professionnelle de banquier, ils sont tout à fait honnêtes. Mais il y a bien une tendance à tricher lorsqu'ils passent en « mode banquier ».

C'est une constatation, mais quelle est la raison de cette « malhonnêteté professionnelle » ? Peut-être est-ce parce que la culture bancaire valorise la compétition, qu'il est important d'être le meilleur, quitte à tricher un poil pour gagner plus que les autres ?

C'est, en effet, la première hypothèse qu'ils ont faite. Pour vérifier, ils ont demandé à leurs sujets de dire jusqu'à quel point il était pour eux « important d'être le meilleur ». Or les réponses à cette question ne diffèrent pas selon que les sujets sont en « mode banquier » ou non, et les gens qui trichent le plus ne sont pas spécialement ceux qui sont les plus motivés par la compétition.

Alors qu'y a-t-il de spécial dans l'identité idéale du banquier qui pousse à tricher ?

Les chercheurs discutent et rejettent diverses explications, puis finalement trouvent que l'importance donnée à l'argent est décisive. Ils posent la question : « Pensez-vous que le statut social est déterminé essentiellement par l'argent ? » Or les sujets en « mode banquier » répondent plus positivement à cette question, et les gens qui trichent le plus sont ceux qui sont le plus convaincus de l'importance majeure de l'argent.

Ils ont donc testé des banquiers et montré qu'en mode banquier ils sont plus malhonnêtes qu'en mode citoyen lambda. Mais qui dit qu'on ne trouverait pas les mêmes résultats si on testait des journalistes ou des chirurgiens en « mode journaliste » ou en « mode chirurgien » par comparaison au mode « citoyen lambda » ?

En effet. C'est pourquoi ils ont fait la même expérience avec des employés d'autres branches, et ils n'ont pas montré de différence d'honnêteté. Le résultat a malheureusement l'air d'être, dans les limites de cette étude, assez spécifique à la profession bancaire. Afin de mesurer l'image des banquiers dans le public, ils ont aussi réalisé un sondage en demandant au public tout venant d'estimer de combien tricheraient différentes professions si elles jouaient à leur jeu de pile ou face. Des plus tricheurs aux moins tricheurs, les gens ont placé les banquiers en premier, suivis par les détenus des prisons, puis par la population moyenne, puis, enfin... par les médecins considérés comme les plus honnêtes ! D'ailleurs, parmi les mesures proposées pour rectifier le code moral implicite des banquiers, certains ont proposé qu'ils prêtent (!) un serment inspiré du serment d'Hippocrate des médecins, mettant en valeur leurs engagements envers la société.

CHAPITRE 5

Le syndrome d'Ondine ou comment oublier de respirer

Les chapitres précédents ont traité des mécanismes de la motivation. Notre idée de départ était que sans motivation, nous resterions immobiles dans un coin jusqu'à trépasser de faim et de soif. Pourtant, il y a bien des actions (si elles méritent ce nom) que nous exécutons communément sans aucune motivation. Je parle de toutes les fonctions corporelles involontaires. Même si vous êtes excessivement paresseux ou apathique, il me semble que vous n'allez pas vous arrêter de respirer !

En effet, nous n'avons pas besoin de penser à respirer, de nous en souvenir, d'y faire attention, bref, nous n'avons pas besoin d'être conscients de notre respiration pour qu'elle se produise, toute seule.

Il n'y a pas que la respiration qui soit dans ce cas…

Il y a toute une série de fonctions corporelles qui opèrent de façon autonome, sans que nous ayons besoin d'intervenir, et souvent sans que nous puissions intervenir : la digestion, les battements du cœur, le contrôle de la tension artérielle, la transpiration, la digestion, l'excitation sexuelle, les vomissements, la toux et j'en passe. Tout cela exige tout de même d'être contrôlé et coordonné, donc une intervention du système nerveux. Mais il s'agit d'une partie du système nerveux dont on ne parle pas très souvent, et qu'on appelle justement le système nerveux autonome, parce qu'il fait ses affaires dans son coin.

Il est vrai que je ne peux pas m'empêcher de transpirer par un effort de ma volonté, mais pour la respiration, ce n'est pas tout à fait pareil : c'est automatique, mais je peux tout de même volontairement retenir ma respiration, ou respirer plus ou moins vite ou plus ou moins profondément !

Exact. En fait, la respiration a un double contrôle, l'un automatique et l'autre volontaire, qui dépendent de systèmes neuraux différents. Pour le contrôle automatique, c'est le tronc cérébral, situé en dessous du cerveau, qui pilote la respiration. Pour le contrôle volontaire, c'est le cerveau lui-même, le cortex, qui commande. C'est pour cela que votre question : « Peut-on oublier de respirer ? » est bien intéressante.

À qui cela arrive-t-il donc d'oublier de respirer ?

Il y a une maladie, fort rare, qui s'appelle syndrome d'hypoventilation alvéolaire centrale congénitale, mais qu'on peut appeler plus poétiquement syndrome d'Ondine[1]. Ce nom vient de l'histoire d'Ondine, une sorte de fée des rivières, du moins comme Jean Giraudoux la raconte. Ondine est tombée amoureuse d'un homme. Cet homme l'a trompée et il en est mort, d'une façon très étrange. Il dit à Ondine : « Depuis que tu es partie, tout ce que mon corps faisait de lui-même, il faut que je le lui ordonne. Je ne vois que si je dis à mes yeux de voir. Je ne vois le gazon vert que si je dis à mes yeux de le voir. [...] Un moment d'inattention, et j'oublierai d'entendre, de respirer... Il est mort parce que respirer l'embêtait, dira-t-on... » Et il meurt, parce qu'il ne pense plus à respirer.

Et c'est bien ce qui se produit dans le syndrome d'Ondine ?

Comme je vous le disais, la respiration a une double commande, automatique et volontaire, et dans le syndrome d'Ondine, la commande automatique ne fonctionne pas. Quand les patients sont éveillés ils peuvent respirer volontairement et tout va bien, mais lorsqu'ils s'endorment, ils risquent de ne plus respirer suffisamment et de mourir.

Donnez-nous quelques détails sur cette maladie, bien qu'elle ne soit pas bien fréquente.

Elle est même très rare, peut-être 1 000 cas dans le monde. Elle est connue depuis peu, puisqu'elle a été décrite en 1970 pour la première fois. Elle a une origine génétique : il s'agit d'une mutation d'un gène du nom de PHOX2B. Ce gène est impliqué dans la formation des cellules du fameux système nerveux autonome dont nous parlions. D'ailleurs, il arrive que le syndrome d'Ondine s'accompagne d'autres troubles affectant le système nerveux autonome : des problèmes de digestion, de rythme cardiaque, de contrôle de la température, et j'en passe.

Quand et comment peut-on porter le diagnostic de syndrome d'Ondine ?

Le plus souvent, il s'agit de nouveau-nés qui sont victimes de malaises répétés, d'arrêts respiratoires, pour lesquels on ne trouve pas d'explication cardiaque ou pulmonaire évidente. Le problème ne peut être réglé qu'en plaçant les bébés sous ventilation artificielle.

Vous nous disiez que le contrôle de la respiration est en partie automatique et en partie volontaire. Qu'est-ce qui ne marche pas dans le syndrome d'Ondine ?

Le contrôle volontaire est intact, mais le contrôle automatique, piloté par le tronc cérébral, ne fonctionne pas. Normalement, la respiration s'ajuste aux besoins. Par exemple, si vous faites de l'exercice physique, vous consommez plus d'oxygène et vous produisez plus de CO_2. Dans le sang, le taux d'oxygène va donc diminuer et celui de CO_2 augmenter. Il y a dans les parois de certains vaisseaux des capteurs qui mesurent l'oxygène et le CO_2, détectent ces changements et en informent le tronc cérébral. Celui-ci, à son tour, fait augmenter la respiration pour satisfaire les besoins en oxygène et évacuer le CO_2. Dans le syndrome d'Ondine, ces informations ne sont pas correctement interprétées par le tronc cérébral, qui n'ajuste pas la respiration en fonction des besoins.

Existe-t-il des traitements ?

La seule chose qu'on puisse faire, c'est assurer une ventilation mécanique pour corriger le défaut de ventilation volontaire.

Pendant les premiers mois de la vie, cette ventilation doit être permanente. Ensuite, elle n'est nécessaire que pendant la nuit, pendant le sommeil. On utilise une sorte de masque branché sur une machine à ventiler.

Le syndrome d'Ondine a-t-il des conséquences sur les facultés intellectuelles ? On pourrait imaginer que si on doit penser à respirer, on aura du mal à penser à autre chose…

Mes collègues de la Salpêtrière, pneumologues et neurologues, ont publié une étude sur une patiente, une jeune femme souffrant d'un syndrome d'Ondine[2]. Lorsqu'elle était au lycée, quand elle avait besoin de passer des examens ou de résoudre des problèmes difficiles, elle se trouvait plus performante si elle se branchait sur son masque de ventilation. Ce qui suggère qu'en effet le contrôle de la respiration avait chez elle un certain « coût » intellectuel, qui disparaissait si elle confiait ce contrôle à une machine.

Comment ont-ils fait pour étudier cela de façon objective ?

Ils ont placé la patiente dans une machine d'IRM et ont enregistré des images fonctionnelles de son cerveau pendant une phase où elle respirait spontanément, et une phase où elle était ventilée artificiellement avec le système qu'elle utilisait d'ordinaire pendant le sommeil. Simultanément, elle devait exécuter de petits exercices intellectuels. Il est apparu que pour certaines tâches qui demandent attention et concentration, ses performances étaient un peu meilleures ou plus stables lorsqu'elle utilisait la machine à ventiler que lorsqu'elle respirait volontairement.

Et peut-on d'une certaine façon « voir », avec l'imagerie, cette compétition pour les ressources mentales qui se joue entre la réflexion et la respiration ?

Sur la gauche de la figure 55, les régions que vous voyez « allumées » étaient plus actives pendant la ventilation artificielle que pendant la respiration volontaire. Or ces régions sont celles qui sont normalement actives lorsque nous n'avons rien de particulier à faire, que nous rêvassons tranquillement. Ce que suggèrent ces images, c'est que la ventilation artificielle permet de libérer l'esprit, et de placer la patiente dans un état de repos mental et de disponibilité. Autrement dit, le cerveau a une activité plus « normale » lorsque c'est la machine qui contrôle la respiration que quand c'est la patiente qui doit s'en occuper.

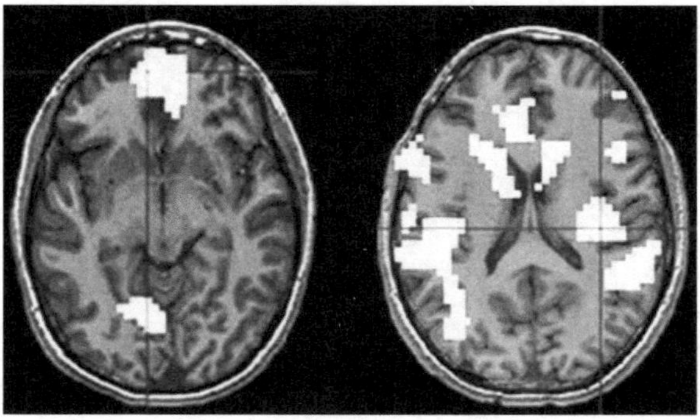

Figure 55. À gauche, on voit que les régions qui assurent le vagabondage mental propre à l'état de repos s'activent plus fortement lorsque la ventilation artificielle fonctionne. À droite, on voit les régions cérébrales qui se connectent au tronc cérébral pour assurer la respiration lorsque la ventilation artificielle est arrêtée.

Peut-on aussi voir comment fonctionne le contrôle volontaire de la respiration, celui que la patiente doit exercer pour ne pas suffoquer ?

Sur la droite de la figure, vous voyez les régions cérébrales qui sont plus fortement connectées avec le tronc cérébral pendant la respiration volontaire que pendant la respiration mécanique. Autrement dit, dès que la machine est arrêtée, la patiente doit s'occuper consciemment de sa respiration et, pour cela, elle mobilise ces vastes régions cérébrales pour piloter volontairement son tronc cérébral. On comprend qu'il soit difficile de simultanément s'occuper de respirer et d'être parfaitement efficace sur le plan intellectuel. Pour finir, rendons la parole à un profond philosophe, le chanteur Pierre Perret, qui, paraît-il, a écrit : « Oublier de respirer reste la seule distraction fatale. »

SIXIÈME PARTIE

La boutique du neurologue

La profession médicale a assurément beaucoup changé avec l'avènement des innombrables « examens complémentaires », analyses biologiques ou images raffinées de l'intérieur du corps. Il n'y a pas si longtemps, le médecin avait pour toutes armes ses yeux, ses oreilles, ses mains. On pourrait penser que c'est beaucoup plus simple maintenant. Le neurologue n'a plus à écouter les plaintes enchevêtrées du patient assis dans son cabinet. Il lui suffit, sans lui poser ni se poser de questions, de prescrire IRM, EMG, EEG, CRP, PL, BORB, PET et SPECT, de bien secouer les résultats, voire de les faire digérer par un algorithme informatique, pour que tombe sans effort le diagnostic (par exemple MSA, DCB, MA, AVC, MAV, PSP ou PRNC) avec, naturellement, un traitement à la clé.

Heureusement ou malheureusement, nous n'en sommes pas là. Dans les quelques chapitres qui suivent, nous allons entrer dans la boutique du neurologue, et voir que les choses marchent encore de façon fort artisanale, et que rien ne remplace l'analyse fine de l'aspect d'une main, du rythme de la marche, d'erreurs d'écriture, etc. Mais pour commencer, quittez vos illusions : même les maladies ne sont pas des entités éternelles sculptées dans le marbre. Plutôt que découvertes, elles sont inventées, contestées, redécoupées, et parfois disparaissent corps et biens.

CHAPITRE 1

Vie et mort d'une maladie

La première tâche quotidienne d'un médecin est de porter des diagnostics, c'est-à-dire de reconnaître la maladie dont souffre le patient qui le consulte. Ce n'est qu'ensuite qu'il pourra le soigner. Mais pour qu'une maladie soit accessible au diagnostic, il faut qu'elle ait été découverte, reconnue, qu'elle porte un nom, qu'elle ait fait son chemin jusque dans les programmes des facultés de médecine. Comment se passe la découverte d'une maladie jusqu'alors inconnue ?

Imaginez que vous n'ayez jamais vu d'oranges ni de bananes. Si je vous montre une banane et une orange, vous allez tout de suite être frappé par leurs différences de forme, de couleur, de texture. Vous allez vous dire que ce sont des espèces végétales différentes, et qu'elles méritent certainement de porter des noms différents. Ce que je voudrais vous montrer, c'est que les maladies ne sont pas comme des bananes et des oranges. Contrairement à ce qu'on croit souvent, le monde des maladies est habité par des êtres beaucoup plus flous, aux contours moins bien définis, que le monde des fruits et légumes. Même en principe, distinguer les maladies les unes des autres ne va pas de soi. Pour prendre des exemples neurologiques, des entités dont on a l'impression qu'elles sont aussi bien définies que la maladie de Parkinson ou la maladie d'Alzheimer, et qui existent probablement depuis la nuit des temps, n'ont été identifiées que depuis la fin du XIXe ou le début du XXe siècle, ce qui n'est pas si ancien.

Cette entreprise de découverte et de découpage des maladies est-elle maintenant achevée ?

Loin de là ! Je vais vous raconter une histoire de redécoupage de maladies qui commence à la fin du XIXe siècle, mais qui a connu des rebondissements récents. Laissez-moi d'abord vous présenter trois messieurs fort respectables, qui ont chacun découvert une maladie, ce qui nous fait donc trois maladies différentes. D'abord, Jean-Martin Charcot, qui a vécu pendant la seconde moitié du XIXe siècle. On peut dire, pour résumer, que c'est le fondateur de la neurologie française (et donc, diront quelques chauvins, de la neurologie tout court). Parmi les maladies qu'il a identifiées, une des plus célèbres est la sclérose en plaques. Charcot a montré qu'elle n'avait rien à voir avec la syphilis, comme on le pensait avant lui, et il a décrit à la fois les manifestations cliniques de la maladie et son aspect microscopique à l'autopsie du cerveau et de la moelle épinière de patients. Pour vous rafraîchir la mémoire, la sclérose en plaques est une maladie auto-immune, c'est-à-dire que le système immunitaire, qui est supposé nous défendre contre les infections et autres agressions extérieures, se retourne contre l'organisme lui-même. Dans le cas de la sclérose en plaques, c'est le système nerveux central qui est la victime de ces attaques immunitaires, qui se manifestent de la façon la plus diverse (fourmillements, troubles de la marche, baisse de la vue, etc.).

Peut-on voir ces zones d'inflammation qui touchent le système nerveux ?

La figure 56 présente, avec le portrait de Charcot, une IRM de cerveau assez typique de sclérose en plaques, avec de petites taches blanches qui correspondent à des zones d'inflammation, c'est-à-dire d'attaque par le système immunitaire.

Donc, Charcot découvre la sclérose en plaques. Mais vous nous parliez de trois messieurs et de trois maladies…

Le deuxième acteur est Eugène Devic, un neurologue lyonnais de la fin du XIXe et du début du XXe siècle. Il a découvert lui aussi une maladie, qui porte le nom de maladie de… Devic. Celle-ci se manifeste par une inflammation sévère qui touche

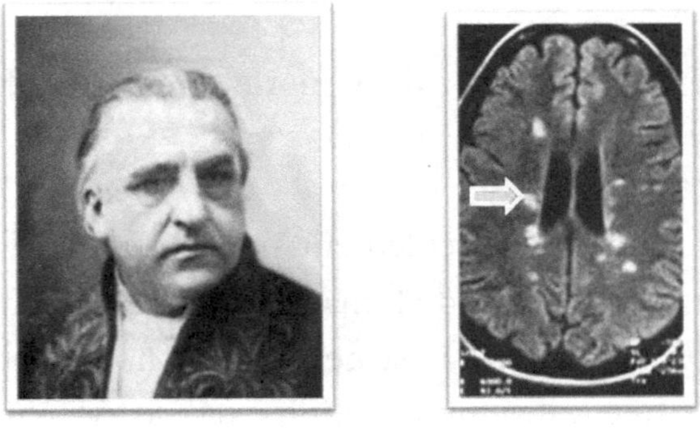

Figure 56. À gauche, Jean-Martin Charcot (1825-1893) qui a identifié la sclérose en plaques. À droite, les taches blanches visibles sur une IRM du cerveau sont des plaques, zones endommagées par l'inflammation (*D.R.*).

deux régions particulières : d'une part, le haut de la moelle épinière, ce qui donne des difficultés de mouvement et de sensibilité dans les quatre membres, et, d'autre part, les nerfs optiques qui conduisent l'information des yeux vers le cerveau, ce qui donne une baisse de la vue parfois très sévère. Sur la figure 57, vous voyez un portrait de Devic et d'une IRM de la moelle d'une patiente, la tache blanche correspondant à la zone d'inflammation. Vous devinez peut-être où je veux en venir : d'une part, la maladie de Devic donne une inflammation de la moelle et des nerfs optiques ; d'autre part, la sclérose en plaques donne une inflammation de n'importe quelle partie du système nerveux, et donc notamment de la moelle et des nerfs optiques. Faut-il donc parler de deux maladies différentes ? De fait, pendant le plus clair du XXe siècle, les spécialistes ont débattu sur la question de savoir si la maladie de Devic n'était en fait qu'une forme un peu spéciale de sclérose en plaques, ou si elle méritait d'être reconnue comme une maladie à part entière. Et l'idée prédominante était qu'il ne s'agissait en fait que d'une variante de sclérose en plaques.

La maladie de Devic était donc morte et enterrée. Et en est-on resté là ?

Pas du tout. Il y a seulement une douzaine d'années, les progrès de la biologie et de l'imagerie ont conduit à un retournement spectaculaire. On a découvert un nouvel anticorps, c'est-à-dire une substance produite par le système immunitaire, et jouant un rôle dans les attaques dirigées contre le système nerveux. Or cet anticorps est présent dans la maladie de Devic, mais pas dans la sclérose en plaques. Cet anticorps appelé NMO (neuromyélite optique) est le signe que le méca-

Figure 57. À gauche, Eugène Devic (1858-1930), père de la maladie du même nom. À droite, l'épaisse ligne blanche visible en IRM est une lésion inflammatoire de la moelle épinière, au niveau du cou (*D.R.*).

nisme intime de la maladie de Devic est différent de celui de la sclérose en plaques. D'autres arguments s'y sont ajoutés, venus notamment de l'IRM, conduisant à la conclusion que la maladie de Devic est bien une entité autonome, avec ses mécanismes, ses symptômes, ses traitements. Malgré un siècle de confusion, il ne s'agit pas d'une variante de sclérose en plaques, mais d'une maladie à part.

C'est clair. Mais vous nous annonciez un troisième homme et une troisième maladie…

J'y viens. En 1927, en Hongrie, le Dr József Baló a décrit une maladie, qui porte son nom, et qui ne ressemble vraiment pas à une sclérose en plaques. En l'espace de quelques jours ou semaines, un patient développe des signes qui sont en tout point ceux d'une tumeur du cerveau. Par exemple, le premier patient décrit par Baló était un étudiant en droit de 23 ans qui en quelques semaines a développé une hémiplégie droite, une aphasie, puis est mort. D'ailleurs, si vous regardez une IRM de maladie de Baló, vous verrez une grosse tache blanche, comprimant les régions voisines (Figure 58). Cela pourrait être une tumeur, et cela ne ressemble vraiment pas aux menus points blancs de la sclérose en plaques. Mais en réalité, l'analyse microscopique de cette lésion, ainsi que le suivi à long terme des patients, montre qu'il s'agit ni plus ni moins que d'une sclérose en plaques, ni plus ni moins grave qu'une autre, qu'il faut traiter comme n'importe quelle autre forme de sclérose en plaques. Sa troublante particularité est d'avoir débuté par une sorte de plaque géante « pseudo-tumorale ».

Comment résumer cette histoire un peu compliquée de vraies fausses maladies ?

Il y a une première maladie qui est la sclérose en plaques. Puis une deuxième maladie, la maladie de Devic, dont on pense pendant un siècle que ce n'est pas une maladie, mais juste une forme de sclérose en plaques, avant que des progrès récents montrent qu'elle mérite d'être considérée comme une maladie à part. Puis, enfin, à l'inverse, une troisième maladie,

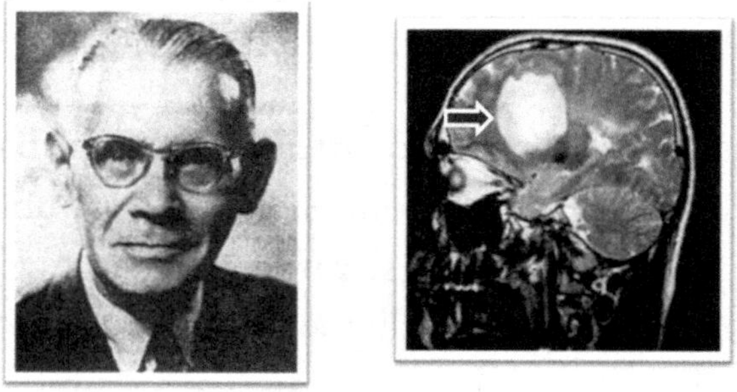

Figure 58. À gauche, József Baló (1895-1979) a décrit une maladie qui, en fin de compte, s'est avérée n'être qu'une variante de sclérose en plaques. À droite, une volumineuse « sclérose concentrique » ressemblant à une tumeur cérébrale, sans en être une (*D.R.*).

la maladie de Baló, qui ne ressemble vraiment pas à une sclérose en plaques sur le plan clinique, mais dont on finit par comprendre qu'en fait c'est une sclérose en plaques, et pas une maladie à part. Moralité, n'oublions pas que le travail de la médecine n'est pas seulement de traiter les maladies, mais, avant même cela, de les identifier, de les distinguer, de les classer, de les nommer, bref de les inventer !

CHAPITRE 2

Jeux de mains, jeux de vilains

On prétend (et ce n'est peut-être pas entièrement faux) que les neurologues sont des gens qui aiment bien avoir l'air plus malins que les autres. Ils tiennent peut-être cela de l'illustre J.-M. Charcot (voir, *supra*, Figure 56), qui aimait bien porter des diagnostics ultrarapides, simplement en observant la démarche des patients entrant dans son cabinet.

Est-ce vrai, ou est-ce une légende ? Peut-on faire un diagnostic rien qu'en regardant quelqu'un marcher ?

C'est parfois possible. La démarche est extrêmement révélatrice, et la démarche de quelqu'un qui souffre d'une maladie de Parkinson, des séquelles d'une hémiplégie, d'une maladie musculaire, d'une atteinte des nerfs périphériques, des muscles, du cervelet, de certains troubles psychiatriques, et j'en passe, est très évocatrice à l'œil du neurologue. Mais parlons d'autre chose qui tombe immédiatement sous le regard du médecin, et qui est riche d'enseignement : la main. Bien sûr, un dermatologue verra certaines choses en regardant une main, un rhumatologue et même un cardiologue en repéreront d'autres. Je parlerai un peu de ce que voit le neurologue.

Commençons par un cas simple : un patient vient vous voir avec une paralysie de la main. Que voyez-vous dans votre boule de cristal ?

En gros, une paralysie peut venir d'une lésion qui se trouve soit dans le système nerveux central (c'est-à-dire le cerveau, le tronc cérébral ou la moelle épinière), soit dans le système nerveux périphérique (c'est-à-dire les nerfs qui vont de la moelle jusqu'à la main). Quand la paralysie est centrale, par exemple en cas d'accident vasculaire cérébral, le manque de force dans la main est d'habitude assez global, c'est-à-dire qu'il touche à peu près autant tous les mouvements (serrer le poing, écarter les doigts, etc.). Si ce genre de paralysie est sévère et persiste, la main prend à la longue une posture particulière, le poing serré et le poignet fléchi (Figure 59 A). On le voit par exemple chez des gens qui n'ont pas récupéré après une hémiplégie causée par un AVC.

Et les paralysies périphériques, par atteinte des nerfs qui vont de la moelle à la main ?

Il y a trois nerfs qui s'occupent de la main, et chacun s'occupe de muscles différents. Par exemple, si un patient vient vous voir avec la main qui pend « en col de cygne », qu'il peut serrer les doigts mais pas les relever, c'est que c'est son nerf radial qui a souffert, par exemple dans ce qu'on appelle la paralysie des amoureux (Figure 59 C).

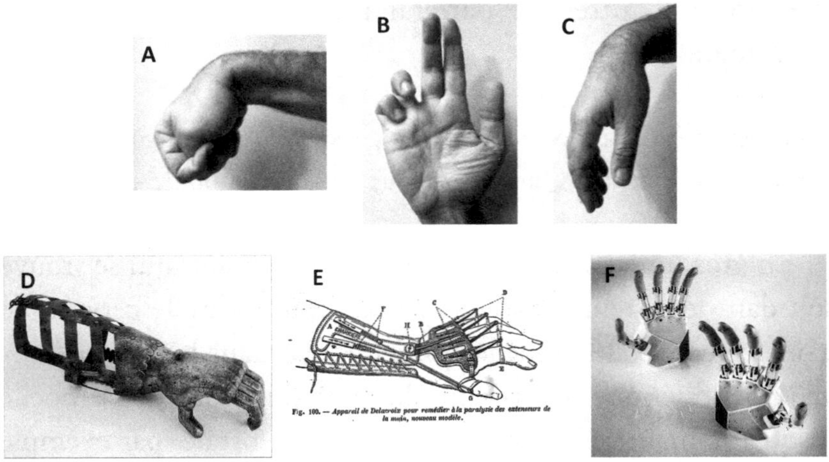

Figure 59. A : main spastique par lésion cérébrale. B : main en griffe par paralysie du nerf ulnaire. C : main pendante en col de cygne par paralysie du nerf radial. D : prothèse de main (XVIe siècle). E : mécanique conçue pour corriger une paralysie radiale (XIXe siècle). F : prothèse de main myoélectrique[1].

Pourquoi ce nom ?

Parce que lors de son passage le long du bras, ce nerf est très exposé à la compression contre l'os du bras, et que si un être cher laisse longtemps sa tête posée sur votre bras, le radial risque d'en souffrir. Vous vous réveillerez avec la main qui pend… Quand ce n'est pas le nerf radial, mais un des deux autres, vous avez d'autres types de paralysies.

Et y a-t-il d'autres anomalies du mouvement de la main, à part le simple manque de force ?

Il y a l'infinie variété de ce qu'on appelle les mouvements anormaux. Les plus connus sont les tremblements. Mais il y a tremblement et tremblement. Par exemple dans la maladie de Parkinson, les mains tremblent assez lentement, avec un mouvement qui évoque l'émiettement d'un morceau de pain. Et, surtout, c'est un tremblement qui apparaît quand la main est au repos, qu'on ne s'en sert pas. Je me souviens d'un patient qui avait un terrible tremblement lorsque ses mains étaient au repos, mais qui construisait sans problème de minutieuses maquettes de bateaux dans des bouteilles. Sa main retrouvait sa fermeté lorsqu'elle devait faire un geste précis. Inversement, ce qu'on appelle le « tremblement essentiel » disparaît au repos et apparaît pendant les gestes, au point parfois d'empêcher totalement d'écrire ou de gêner l'alimentation.

Il existe encore d'autres mouvements anormaux de la main ?

Par exemple la crampe des écrivains, dont nous avons parlé dans le chapitre consacré aux mécanismes de l'écriture. Il s'agit d'une contraction involontaire de la main et parfois du bras, qui survient uniquement au cours de l'écriture et qui oblige parfois des droitiers à apprendre à écrire de la main gauche.

Manque de force, tremblements, crampes, est-ce que la neurologie de la main s'arrête là ?

Je dirais presque que les choses intéressantes ne font que commencer. Il y a des patients qui ont des difficultés à utiliser leurs mains, alors même qu'il n'y a pas de paralysie, pas de problèmes de sensibilité, pas de mouvements anormaux. C'est ce qu'on appelle une apraxie, du grec *praxis* qui signifie « action ».

Pourriez-vous expliquer plus concrètement pourquoi ces patients ne peuvent se servir de leurs mains ?

Je montre à un patient un geste manuel simple, comme le V de la victoire, et je l'invite simplement à l'imiter avec sa main. Alors qu'il n'y a pas l'ombre d'une paralysie, le patient tortille ses doigts en tous sens et n'arrive pas à les placer comme je le lui demande… Je me souviens aussi d'une patiente qui ne savait plus comment utiliser les objets quotidiens, comme une paire de ciseaux ou un peigne. Elle reconnaissait bien ces objets, mais ne savait plus comment placer ses mains sur eux pour s'en servir.

Ainsi, un patient apraxique ne sait plus comment programmer les gestes de ses mains, alors que le fonctionnement élémentaire du mouvement est intact. La coordination des mouvements des deux mains peut-elle aussi être affectée, même quand chaque main fonctionne bien ?

Je vous rappelle que le mouvement de chaque main est commandé par l'hémisphère opposé – hémisphère gauche et main droite, et inversement (Figure 60). Dans les situations (fort rares) où les deux hémisphères du cerveau sont accidentellement séparés, on peut voir chaque hémisphère s'engager dans une action qui lui est propre, sans discussion ni compromis avec l'autre hémisphère. Il peut arriver que ces actions soient franchement contradictoires. Un patient est en train d'écrire de la main droite (pilotée par l'hémisphère gauche), et soudain sa main gauche (pilotée par l'hémisphère droit) surgit, saisit la feuille et le stylo et jette le tout par terre. Ou bien la main droite vient de fermer la bonde du lavabo pour laisser tremper du linge, quand la main gauche surgit, ouvre le lavabo, la main droite referme en catastrophe, la main gauche revient à l'assaut et ouvre, et ainsi de suite. Ce sont des histoires vraies. Cette variété spectaculaire d'apraxie est dite « diagonistique » (et non diagnostique), du grec *dia* qui indique la séparation, et *agôn* qui signifie « combat » !

Nos mains sont extraordinairement importantes et occupent une bonne part de notre activité cérébrale. Que se passe-t-il si, par malheur, nous perdons accidentellement une main, si une de nos mains est amputée ?

Comme vous le faites remarquer, le cerveau contient des représentations riches et variées de la main, ce qui permet de

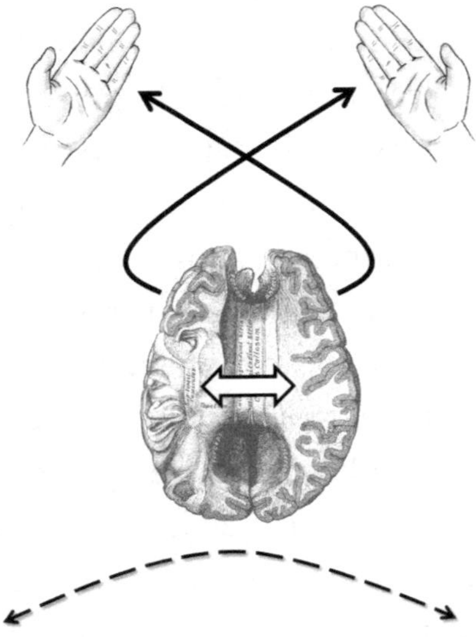

Figure 60. Chaque hémisphère commande la main opposée, et les deux hémisphères sont réunis par le corps calleux. Si celui-ci est détruit, les deux mains peuvent entreprendre des actions contradictoires.

la sentir, de la piloter, etc. Quand une main est amputée, ces représentations, ces souvenirs de la main persistent naturellement dans le cerveau et se manifestent souvent par ce qu'on appelle un membre fantôme. C'est la sensation que la main absente est encore là, qu'on peut la sentir, parfois même la faire bouger. Malheureusement, il est fréquent que ces membres fantômes s'accompagnent de douleurs, qui sont bien difficiles à soigner.

Serait-il possible de détecter, dans le cerveau d'un patient amputé, ses intentions de mouvements et de s'en servir pour commander une prothèse robotisée ? Ou est-ce de la science-fiction ?

Pas complètement. Il y a longtemps qu'on essaie de faire des prothèses pour remplacer les mains amputées. Au XVIe siècle, Ambroise Paré a imaginé des mains mécaniques munies d'articulations et de rouages (voir, *supra*, Figure 59 D). La difficulté est de faire commander la prothèse plus ou moins directement par le cerveau du patient. La plupart des prothèses un peu sophistiquées sont de type myoélectrique. Imaginez que j'aie une prothèse motorisée à la place de la main. On place des électrodes sur ma peau, au-dessus du niveau de l'amputation. Ces électrodes détectent les contractions des muscles du moignon de bras qui me reste et les transforment en ordres pour les moteurs de ma prothèse. Par exemple, si je veux fermer la main prothétique, j'ai appris que je dois serrer le moignon de bras le long du corps. L'électrode placée sur le muscle qui serre le bras contre le corps détecte cette contraction, et envoie à la prothèse l'ordre de se fermer. Cet ordre passe donc de façon indirecte de mon cerveau à un muscle intact et de ce muscle intact à la prothèse *via* un fil électrique. Mais comme vous le suggériez, on cherche aussi à mettre en place des commandes plus directes : on place des électrodes sur la tête, pour recueillir l'électroencéphalogramme, l'envoyer à un ordinateur qui l'analyse et en extrait des commandes pour la prothèse. Idéalement, vous pensez à fermer la main, l'ordinateur qui reçoit votre électroencéphalogramme le décode, envoie un ordre à la prothèse, et la main se ferme. Ce n'est pas encore bien au point, mais ce n'est plus de la science-fiction (voir, *supra*, Figure 59 F)…

CHAPITRE 3

Que ta main gauche ignore ce que fait ta main droite

Restons encore sur le sujet des mains. Il se trouve que nous en avons deux. Cela veut-il dire que nous pouvons nous en servir pour faire deux choses à la fois ?

De mon temps, dans la cour de récréation, on essayait de se taper sur la tête avec une main tout en se frottant le ventre en rond avec l'autre. On a irrésistiblement tendance à mélanger les deux mouvements, c'est-à-dire à se taper sur le ventre et à se tourner sur la tête. Il est difficile de faire des mouvements indépendants des deux mains. Mais c'est évidemment possible, surtout avec de l'entraînement, un cas extrême étant celui du pianiste ou du violoniste. Il y a aussi des situations plus banales, par exemple lorsque nous mangeons avec un couteau et une fourchette.

Mais certains mouvements des mains sont plus ou moins faciles à associer entre eux. Par exemple, rien de difficile à faire les marionnettes simultanément des deux mains !

Cela dépend de la similarité des deux mouvements, dans le temps et dans l'espace. Concernant la similarité dans le temps, il est facile de combiner des mouvements qui vont à des rythmes qui se synchronisent de façon simple, par exemple taper sur la table avec une main exactement deux fois ou trois fois plus vite qu'avec l'autre. Il est beaucoup plus difficile de taper deux fois avec une main pendant que vous tapez trois fois avec l'autre. Concernant la similarité dans l'espace, il est facile de faire deux mouvements semblables, ou bien deux mouvements en miroir l'un de l'autre. Il est plus difficile de faire deux mouvements orientés à 90° l'un de l'autre. Il est plus difficile encore, comme dans l'exemple de cour de récréation, de tracer des droites d'une main et des cercles de l'autre. Droites et cercles finissent par se ressembler et par avoir un air plutôt ovale. Un bon exemple est celui des carrés ouverts (Figure 61). Il est facile de tracer simultanément deux carrés ouverts de façon symétrique, mais beaucoup plus difficile de tracer deux carrés ouverts à 90 degrés l'un de l'autre.

Mais dans cette affaire, les mains ne sont qu'un outil contrôlé par le cerveau. Si les deux plans d'action (tracer une droite et tracer un cercle) se mélangent, c'est forcément dans le cerveau que se fait ce mélange.

En effet. Comme vous le savez, nous avons deux hémisphères, et chaque hémisphère s'occupe de la main opposée. Quand vous bougez la main droite, l'ordre vient de l'hémisphère gauche, et inversement (voir, *supra*, Figure 60). Mais, en plus, les deux hémisphères communiquent étroitement entre eux. Et c'est justement parce que les deux hémisphères communiquent qu'il est difficile de garder les actions des deux mains bien indépendantes les unes des autres.

Donc, si l'on s'arrangeait pour que les hémisphères ne communiquent plus entre eux, les mains ne seraient plus gênées l'une par l'autre, et on pourrait facilement se frotter le ventre et se taper la tête.

Vous ne croyez pas si bien dire. C'est exactement ce qui se passe dans les rares situations où les deux hémisphères se trouvent séparés. Normalement, ils sont reliés par un gros faisceau qu'on appelle le corps calleux, qui leur permet d'échanger continuellement des informations. Il arrive que le corps calleux soit détruit accidentellement ou coupé chirurgicalement. Nous avons vu au chapitre précédent que les deux mains peuvent alors prendre leur indépendance et se lancer, sous le nom d'apraxie di-agonistique, dans des activités contradictoires.

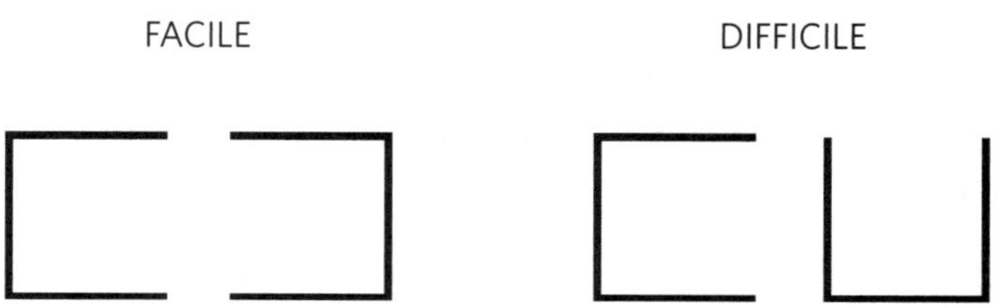

Figure 61. Il est facile de tracer simultanément deux carrés ouverts de façon symétrique, mais plus difficile de tracer deux carrés ouverts à 90 degrés l'un de l'autre.

Mais quelle conséquence cette séparation a-t-elle sur la copie de deux carrés ouverts ?

À gauche sur la figure 62, vous voyez ce qui se passe chez quelqu'un de normal, dont les deux hémisphères communiquent : il lui est facile de copier deux carrés symétriques, mais la copie de deux carrés orientés à 90 degrés est horrible. À droite se trouve la production d'un patient dont les deux hémisphères sont séparés[1]. Dessiner deux carrés symétriques reste facile, mais ce qui est remarquable, c'est que la copie des deux carrés à 90 degrés est tout aussi facile. L'hémisphère droit dessine un carré ouvert sur le côté *via* la main gauche, et l'hémisphère gauche dessine un carré ouvert en haut *via* la main droite. Ils ne se parlent plus, et il n'y a donc plus d'interférence entre les deux plans d'action.

C'est clair, mais c'est un peu paradoxal : un patient dont les deux hémisphères ont été séparés est plus performant que quelqu'un dont le cerveau est intact !

En effet, mais c'est une situation très artificielle. D'habitude, c'est un avantage d'avoir deux mains qui collaborent harmonieusement à la réalisation d'un plan unique. Dans la vraie vie, les patients dont le corps calleux a été coupé ne deviennent pas des pianistes virtuoses. Ce qui se passe chez eux, c'est que les mouvements des deux mains qui ont été énormément pratiqués et entraînés (par exemple nouer des lacets) ne posent pas de problèmes. Ils sont tellement automatisés que les hémisphères n'ont même plus besoin de communiquer. En revanche, ces patients ont des difficultés lorsqu'ils doivent réaliser des actions inhabituelles impliquant les deux mains.

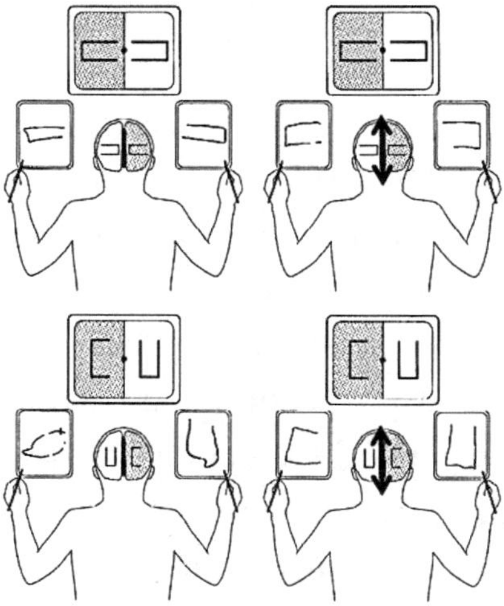

Figure 62. Copie de deux carrés symétriques ou orientés à 90 degrés chez un sujet normal (à gauche) et chez un patient *split-brain* (à droite).

Naturellement, quand vous dites « la main droite fait ceci ou cela », ce qui compte c'est, en fait, l'intention, le plan d'action qui est à l'origine de l'action visible et qui se déroule dans le cerveau. Le mouvement réel n'est que la face visible de cette machinerie…

C'est si vrai que même des gens qui ont été amputés d'une main montrent le même phénomène d'interférence entre les actions de la main droite et de la main gauche ! Vous savez que certaines personnes qui ont été amputées d'un membre, par exemple une main, gardent un fantôme de cette main, c'est-à-dire l'impression subjective que la main est toujours là. Ce n'est pas surprenant si l'on songe que même si la main n'est plus là, tous les neurones qui représentaient et contrôlaient cette main, eux, sont toujours là. Bref, dans certains cas, le fantôme est si réaliste que les patients ont l'impression de pouvoir bouger leur main fantôme comme ils veulent.

Des chercheurs ingénieux ont ainsi demandé à un patient qui possédait ce genre de main fantôme mobile d'imaginer qu'il traçait des cercles avec sa main fantôme, tout en traçant des lignes droites avec sa main réelle[2]. Et l'interférence habituelle s'est produite : les lignes droites tracées par la main réelle se déformaient et se transformaient en ellipses sous l'influence des cercles fantômes tracés par la main fantôme ! Ce sont bien les plans d'action, dans le cerveau, qui se contaminent l'un l'autre, même s'ils ne sont pas réellement exécutés !

CHAPITRE 4

Docteur, je perds la mémoire. Depuis quand ? Depuis quand quoi ?

La principale source d'information dont un neurologue dispose pour essayer de parvenir à un diagnostic est le récit que le patient fait de ses troubles : leur nature, la date de leur apparition, le cours de leur évolution dans le temps, l'impact qu'ils ont sur sa vie quotidienne, etc. Mais parfois cette source d'information essentielle est muette. C'est le cas évidemment chez les patients incapables de communiquer du fait de troubles de la conscience, état végétatif ou coma, ou chez des patients aphasiques incapables d'utiliser le langage. Mais ce peut aussi être le cas chez des patients vigilants et capables de s'exprimer, mais qui n'ont simplement pas conscience de leurs troubles…

En effet. La méconnaissance des troubles par le patient porte le nom d'anosognosie. Ce terme a été inventé en 1914 par un illustre neurologue français du nom de Joseph Babinski (1857-1932)[1]. À cette époque reculée où les médecins connaissaient quelques mots de grec, il a combiné le *a* qui veut dire « pas de », *nosos* qui veut dire « maladie » et *gnosis* qui veut dire

« connaissance ». Le tout veut donc dire qu'un patient anosognosique n'a pas conscience de sa maladie. Cela ne signifie pas qu'il a une maladie cachée, sans symptômes, et dont il ignore l'existence, comme un cancer qu'on n'a pas encore diagnostiqué. Dans l'anosognosie, il y a des symptômes manifestes, parfois aussi énormes que la paralysie de la moitié du corps ou la cécité, et pourtant le patient semble n'en avoir aucune conscience[2].

La cécité ? Voulez-vous dire qu'on peut être aveugle et ne pas le savoir ?

Voici un exemple réel. Un homme de 55 ans commence tout à coup à avoir un comportement étrange : il se cogne dans les chaises et les tables, il n'arrive pas à attraper une tasse de café posée devant lui, il ne s'aperçoit que ses visiteurs sont là que lorsqu'ils commencent à parler. Bref, il est manifestement devenu soudainement aveugle. Et pourtant, il ne se plaint de rien, ne demande pas d'aide et trouve des justifications bizarres à ses difficultés :

« Comment allez-vous ?

– Ça va.

– Votre vision est bonne ?

– Oui, je n'ai pas de problème.

– Et cela, qu'est-ce que c'est (en lui montrant un stylo) ?

– Il fait plutôt sombre ici, personne ne peut rien voir.

– Et maintenant que j'ai allumé la lumière, pouvez-vous me dire ce qu'est cet objet ?

– Docteur, je n'ai pas envie de jouer à ces petits jeux !

– D'accord, mais dites-moi au moins à quoi je ressemble…

– Vous êtes petit et gros[3] ! »

Et que s'était-il passé, chez cet aveugle qui s'ignorait ?

Cet homme avait eu un accident vasculaire cérébral touchant, dans les deux hémisphères, la région qui reçoit l'information en provenance des yeux (Figure 63 ; voir aussi, *supra*, Figure 21). Il avait ce qu'on appelle une cécité corticale, c'est-à-dire qu'il était aveugle à la suite d'une lésion du cortex. Mais, de plus, il était anosognosique de cette cécité !

Et, de même, on peut être anosognosique d'une paralysie ?

En effet. Il s'agit en général de paralysies de la moitié gauche du corps. Je me rappelle une patiente totalement hémiplégique qui m'expliquait qu'elle était à l'hôpital parce qu'elle était fatiguée et qu'elle avait mal dans le dos, mais que, non, elle n'était nullement paralysée.

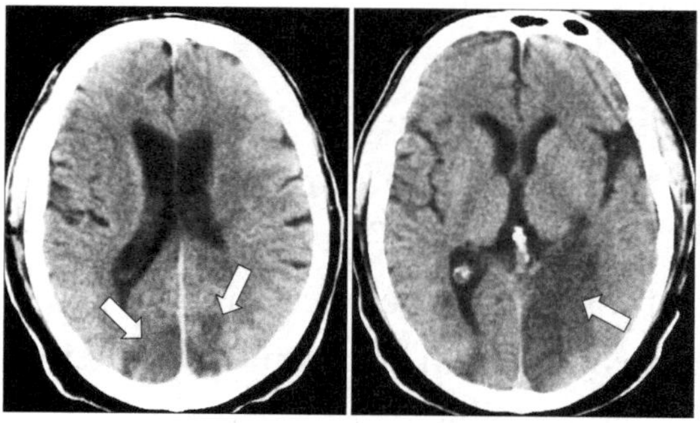

Figure 63. Les flèches indiquent, sur des coupes de scanner, des zones plus sombres correspondant à un accident vasculaire touchant les régions visuelles des deux hémisphères.

Ce que vous appelez anosognosie, n'est-ce pas seulement une forme de déni, comme quelqu'un qui sait bien qu'il est chauve, mais que cela gène de l'avouer et qui essaie de le cacher comme il peut ?

Non, ces patients n'ont réellement pas conscience de leur déficit. Ce n'est d'ailleurs pas forcément en tout ou rien. Certains patients peuvent admettre, par instants ou jusqu'à un certain point, qu'ils ont des difficultés, ou bien reconnaître qu'ils sont paralysés, mais affirmer que cela ne leur pose aucun problème dans la vie de tous les jours, ou bien admettre le handicap, mais manifester une curieuse indifférence.

Et l'anosognosie ne concerne pas que la paralysie ou la perte de la vision ?

Non, en effet. Il n'est pas rare que des patients qui souffrent de problèmes de mémoire, par exemple du fait d'une maladie d'Alzheimer, méconnaissent eux-mêmes leur amnésie et affirment avoir une excellente mémoire.

Quelle est l'explication ? Comment est-il possible de ne pas se rendre compte d'un handicap évident comme ceux dont vous nous avez parlé ?

Il y a des douzaines de théories et d'explications ! Disons simplement que prendre conscience d'un symptôme, comme toute opération mentale, demande qu'un certain nombre de processus fonctionnent. Au minimum, le cerveau doit être capable premièrement de porter son attention sur le déficit (cécité ou paralysie) pour en prendre conscience, deuxièmement de ne pas l'oublier immédiatement, troisièmement d'avoir un point de comparaison, c'est-à-dire un souvenir de ce que c'est que de ne pas être aveugle ou paralysé, quatrièmement de comparer la situation présente et ce souvenir de la situation normale, etc. Bref, il suffit qu'une ou plusieurs de ces étapes ne fonctionnent plus pour qu'on ait du mal à prendre conscience d'une panne cérébrale.

L'anosognosie, est-ce juste une curiosité pour neuropsychologues, ou bien a-t-elle une importance clinique réelle ?

L'importance est très réelle ! Parmi les patients hémiplégiques, ceux qui sont anosognosiques de leur hémiplégie récupèrent beaucoup moins bien que les autres. En effet, ils n'ont aucune raison et aucune envie de se soumettre à une rééducation intensive de leur paralysie.

Et dans le domaine de la mémoire ?

C'est la même chose. Quelqu'un qui est convaincu d'avoir une bonne mémoire, ou qui oublie qu'il oublie, ne va pas noter par écrit la liste de courses, et va oublier d'acheter ce qu'il lui faut. Il va peut-être refuser que ses proches l'aident, insister pour continuer à conduire sa voiture alors qu'il est un danger public, ou ne pas vouloir prendre de médicaments. Finalement, l'anosognosie n'est pas une maladie, mais un symptôme qui peut s'appliquer à toutes sortes de handicaps, et qui peut rendre leur prise en charge particulièrement difficile.

En guise de conclusion…

Depuis quelques dizaines d'années, les sciences du cerveau produisent chaque mois une pluie de milliers de publications dans des revues savantes. Chacune de ces publications ne porte que sur un petit détail, une expérience pointue, une hypothèse, mais leur accumulation même dessine une nouvelle figure de ce qu'est un homme, pas moins. Pour voir se dessiner cette figure, il faut « prendre un peu de recul », ce qui est bien moins facile devant l'avalanche des neurosciences que devant l'image de la Joconde que j'évoquais en début d'ouvrage.

Les dernières années ont vu la réintégration dans le domaine de la science expérimentale la plus rigoureuse de sujets jadis réservés à la philosophie spéculative et à l'introspection, comme la conscience, les émotions, la responsabilité, la prise de décision, le sens moral, les relations sociales… Certains ont été abordés dans ce livre. En parallèle à cet élargissement du champ d'étude, plusieurs domaines de la vie mentale sont compris avec un degré de détail croissant, et leur mécanique cérébrale disséquée littéralement jusqu'au niveau des neurones individuels.

Pour ne prendre qu'un exemple, le prix Nobel de physiologie a été attribué en 2014 à trois chercheurs pour des découvertes magnifiques sur les neurones qui nous permettent de savoir à tout moment à quel endroit nous nous trouvons. Plus exactement, disons que c'est le système qui permet aux rats de savoir où ils se trouvent… On pourrait dire que les rats possèdent dans une partie de leur cerveau nommée l'hippocampe une petite carte, une sorte de GPS de l'endroit où ils se trouvent. John O'Keefe a montré que ce ne sont pas les mêmes cellules qui s'activent selon que le rat se trouve près de la porte ou dans le couloir de sa cage (on les appelle les neurones de lieu). On peut reconstituer les déplacements du rat simplement en « regardant » cette carte, c'est-à-dire l'activation de ses neurones au moyen d'électrodes placées dans l'hippocampe. May-Britt et Edvard Moser ont mis en évidence d'autres neurones dans une région voisine, qui jouent un peu le rôle du quadrillage de cette carte (on les appelle les neurones de grille), et qui permettent sans doute aux rats d'utiliser la carte pour circuler d'un lieu à un autre.

Dans ce livre, sur ce sujet, nous n'avons pas parlé des rats, mais des chauffeurs de taxi, grands experts en orientation. Nous avons vu que c'est sans doute en « musclant » leur hippocampe que les chauffeurs de taxi deviennent de grands experts en orientation dans le dédale des rues. Le cerveau humain abrite sans doute des cellules de lieux et de grille assez similaires à celles des rats… Et ce n'est sans doute pas un hasard si l'un des premiers signes de la maladie d'Alzheimer, qui touche dès son début la région de l'hippocampe, est que les patients perdent facilement leur chemin.

En somme, du neurone du rat, au cerveau et aux compétences du rat, au cerveau et à l'esprit de l'homme bien portant, au cerveau et aux malheurs de l'homme malade, tout est étroitement lié !

Notes bibliographiques

OUVERTURE

Méfiez-vous du livre que vous avez entre les mains !

CHAPITRE 1

Le cerveau ne fait pas le moine

1. McCabe D. P., Castel A. D. (2008), « Seeing is believing : The effect of brain images on judgments of scientific reasoning », *Cognition*, 107, p. 343-352.
2. Keehner M., Mayberry L., Fischer M. H. (2011), « Different clues from different views: the role of image format in public perceptions of neuroimaging results », *Psychonomic Bulletin & Review*, 18, p. 422-428.
3. Reber R., Schwarz N. (1999), « Effects of perceptual fluency on judgments of truth », *Consciousness and Cognition*, 8, p. 338-342.

CHAPITRE 3

Les hommes, les femmes et les marronniers

1. Ingalhalikar M., Smith A., Parker D., Satterthwaite T. D., Elliott M. A., Ruparel K., Hakonarson H., Gur R. E., Gur R. C., Verma R. (2014), « Sex differences in the structural connectome of the human brain », *Proceedings of the National Academy of Sciences of the United States of America*, 111, p. 823-828.
2. Huguet P., Régner I. (2009), « Counter-stereotypic beliefs in math do not protect school girls from stereotype threat », *Journal of Experimental Social Psychology*, 45, p. 1024-1027.

CHAPITRE 4

Devenons-nous idiots ?

1. Deary I. J., Johnson W., Houlihan L. M. (2009), « Genetic foundations of human intelligence », *Hum. Genet.*, 126, p. 215-232.
2. Chen C. H., Panizzon M. S., Eyler L. T., Jernigan T. L., Thompson W., Fennema-Notestine C., Jak A. J., Neale M. C., Franz C. E., Hamza S. *et al.* (2011), « Genetic influences on cortical regionalization in the human brain », *Neuron*, 72, p. 537-544.
3. Barbey A. K., Colom R., Solomon J., Krueger F., Forbes C., Grafman J. (2012), « An integrative architecture for general intelligence and executive function revealed by lesion mapping », *Brain: A Journal of Neurology*, 135, p. 1154-1164.
4. Ramus F. (2012), « L'intelligence humaine, dans tous ses états », *Cerveau & Psycho. L'Essentiel*, 2012, n° 9, p. 4-8.
5. Deary I. J., Whiteman M. C., Starr J. M., Whalley L. J., Fox H. C. (2004), « The impact of childhood intelligence on later life : Following up the Scottish mental surveys of 1932 and 1947 », *J. Pers. Soc. Psychol.*, 86, p. 130-147.

PREMIÈRE PARTIE

Je ne vois que ce que je crois, ou un monde d'illusions

CHAPITRE 1

Les rayons et les ombres

1. Cette tendance à considérer comme absolues des valeurs relatives se manifeste dans des domaines bien éloignés de la perception des couleurs, notamment dans le domaine des décisions économiques. Un exemple ? Vous voulez acheter une voiture. Le vendeur de voitures vous en propose trois : une poubelle épouvantable à 9 000 euros, une voiture familiale convenable à 40 000 euros et une autre voiture familiale convenable à 25 000 euros. Le rôle de la poubelle est de vous inciter à chercher dans une gamme plus coûteuse. Le rôle de la voiture à 40 000 euros, qui est trop chère pour vous, est de fixer un point de comparaison. Quant à la voiture à 25 000 euros, par comparaison avec la précédente, elle vous paraîtra bon marché. Vous ferez de cette valeur relative (« moins chère ») une valeur absolue (« pas chère »). Vous êtes ferré, votre compte est bon ! Vous allez acheter cette voiture à 25 000 euros, même si ce prix est en fait élevé dans l'absolu.

2. D'autres illusions visuelles sont proposées dans *Pourquoi les chimpanzés ne parlent pas* (Odile Jacob, 2009) et *Pourquoi les filles sont si bonnes en maths* (Odile Jacob, 2012).

CHAPITRE 2

Quelle est la couleur de la petite robe ?

1. Lafer-Sousa R., Hermann K. L., Conway B. R. (2015), « Striking individual differences in color perception uncovered by "the dress" photograph », *Current Biology*, CB 25, R545-546.

CHAPITRE 3

J'en suis encore tout ébloui !

1. Les différentes longueurs d'onde de lumière et les cônes qui y répondent le plus ont été qualifiés de « rouges », « bleus », « verts ». Ces trois mots ont été dotés de guillemets pour indiquer que la couleur que nous percevons ne dépend pas simplement de la présence d'une longueur d'onde particulière. Si vous avez lu le chapitre consacré à la petite robe colorée, vous savez tout cela. Ce n'est pas parce que vous recevrez de la lumière « verte » que vous percevrez la couleur verte. La couleur que nous percevons (sans guillemets) résulte des calculs que fait le cerveau sur la base des proportions des différentes longueurs d'onde, non seulement en provenance de l'objet considéré, mais aussi en provenance de tout le champ visuel, de façon à tenir compte de l'éclairage ambiant.
2. Chan D., Crutch S. J., Warrington E. K. (2001), « A disorder of colour perception associated with abnormal colour after-images : A defect of the primary visual cortex », *J. Neurol. Neurosurg. Psychiatry*, 71, p. 515-517.
3. Shimojo S., Kamitani Y., Nishida S. (2001), « Afterimage of perceptually filled-in surface », *Science*, 293, p. 1677-1680.

CHAPITRE 4

L'attaque de la diligence

1. Rushton W. A. (1967), « Effect of humming on vision », *Nature*, 216, p. 1173-1175.
2. Purves D., Paydarfar J. A., Andrews T. J. (1996), « The wagon wheel illusion in movies and reality », *Proceedings of the National Academy of Sciences of the United States of America*, 93, p. 3693-3697.
3. Wyart V., Sergent C. (2009), « The phase of ongoing EEG oscillations uncovers the fine temporal structure of conscious perception », *J. Neurosci.*, 29, p. 12839-12841.

4. Dubois J., Van Rullen R. (2011), « Visual trails : Do the doors of perception open periodically ? », *PLoS Biol.*, 9 (5).

CHAPITRE 5

Mouvements illusoires et harmonie des hémisphères

1. Genc E., Bergmann J., Singer W., Kohler A. (2011), « Interhemispheric connections shape subjective experience of bistable motion », *Current Biology*, CB 21, p. 1494-1499.

2. Je parle de « qualité » de l'anatomie du corps calleux pour éviter un excès de détails techniques. Ici, les chercheurs ont utilisé l'imagerie « de diffusion ». Il s'agit d'une des utilisations possibles de l'IRM cérébrale. Cette technique permet d'obtenir des informations sur la structure de la matière blanche, c'est-à-dire du câblage qui relie les unes aux autres les régions du cerveau. Le corps calleux, qui est le principal « câble » reliant les deux hémisphères, est naturellement accessible à cette technique.

CHAPITRE 6

Faut-il croire ses yeux ou ses oreilles ?

1. Shams L., Kamitani Y., Shimojo S. (2000), « Illusions. What you see is what you hear », *Nature*, 408, p. 788.
2. Mishra J., Martinez A., Sejnowski T. J., Hillyard S.A. (2007), « Early cross-modal interactions in auditory and visual cortex underlie a sound-induced visual illusion », *The Journal of Neuroscience : The Official Journal of the Society for Neuroscience*, 27, p. 4120-4131.
3. De Haas B., Kanai R., Jalkanen L., Rees G. (2012), « Grey matter volume in early human visual cortex predicts proneness to the sound-induced flash illusion », *Proceedings, Biological Sciences, The Royal Society*, 279, p. 4955-4961.
4. Song C., Schwarzkopf D. S., Rees G. (2013), « Variability in visual cortex size reflects tradeoff between local orientation sensitivity and global orientation modulation », *Nat. Commun.*, 4, p. 2201.

CHAPITRE 7

Attention à Charybde, attention à Scylla !

1. De Schotten M. T., Dell'Acqua F., Forkel S. J., Simmons A., Vergani F., Murphy D. G., Catani M. (2011), « A lateralized brain network for visuospatial attention », *Nature Neuroscience*, 14 (10), p. 1245-1246.

CHAPITRE 8

Le Quoi et le Où

1. Mishkin M., Ungerleider L. G., Macko K. A. (1983), « Object vision and spatial vision : Two cortical pathways », *Trends Neurosci.*, 6, p. 414-417.
2. D'autres exemples historiques ou contemporains de tels troubles sont présentés dans *L'Homme Thermomètre. Le cerveau en pièces détachées*, Odile Jacob, 2004.
3. Zihl J., Cramon D. von, Mai N. (1983), « Selective disturbance of movement vision after bilateral brain damage », *Brain*, 106, p. 313-340.
4. Martinaud O., Pouliquen D., Parain D., Goldenberg A., Gerardin E., Hannequin D., Altarelli I., Ramus F., Hertz-Pannier L., Dehaene-Lambertz G. *et al.* (2015), « Impaired functional differentiation for categories of objects in the ventral visual stream : A case of developmental visual impairment », *Neuropsychologia*, 77, p. 52-61.

DEUXIÈME PARTIE

Entendre, toucher, sentir, goûter

CHAPITRE 1

Les chauves-souris et nous

1. Spallanzani L., *Lettere sopra il sospetto ni un nuovo senso ne' pipistrelli*, Turin, 1794.
2. Teng S., Puri A., Whitney D. (2012), « Ultrafine spatial acuity of blind expert human echolocators », *Experimental Brain Research*, 216, p. 483-488.
3. Buckingham G., Milne J. L., Byrne C.M., Goodale M. A. (2015), « The size-weight illusion induced through human echolocation », *Psychological Science*, 26, p. 237-242.
4. Thaler L., Arnott S. R., Goodale M. A. (2011), « Neural correlates of natural human echolocation in early and late blind echolocation experts », *PloS One*, 6, e20162.
5. Thaler L. (2013), « Echolocation may have real-life advantages for blind people : An analysis of survey data », *Front. Physiol.*, 4, p. 98.

CHAPITRE 2

Lire avec les oreilles

1. Striem-Amit E., Cohen L., Dehaene S., Amedi A. (2012), « Reading with sounds : Sensory substitution selectively activates the visual word form area in the blind », *Neuron*, 76, p. 640-652.

CHAPITRE 3

Acouphènes et bourdonnements

1. Eggermont J. J., Roberts L. E. (2015), « Tinnitus : Animal models and findings in humans », *Cell Tissue Res.*, 361, p. 311-336.
2. De Ridder D., Elgoyhen A. B., Romo R., Langguth B. (2011), « Phantom percepts : Tinnitus and pain as persisting aversive memory networks », *Proceedings of the National Academy of Sciences of the United States of America*, 108, p. 8075-8080.
3. Sedley W., Gander P. E., Kumar S., Oya H., Kovach C. K., Nourski K. V., Kawasaki H., Howard M. A., Griffiths T. D. (2015), « Intracranial mapping of a cortical tinnitus system using residual inhibition », *Current Biology*, CB 25, p. 1208-1214.

CHAPITRE 4

Une grillade imaginaire

1. Lindstedt F., Johansson B., Martinsen S., Kosek E., Fransson P., Ingvar M. (2011), « Evidence for thalamic involvement in the thermal grill illusion : An FMRI study », *PloS One*, 6, e27075.
2. Gallace A., Torta D. M., Moseley G. L., Iannetti G. D. (2011), « The analgesic effect of crossing the arms », *Pain*, 152, 1418-1423.
3. Marotta A., Ferre E. R., Haggard P. (2015), « Transforming the thermal grill effect by crossing the fingers », *Current Biology*, CB 25, p. 1069-1073.
4. Moseley G. L., Gallace A., Spence C. (2009), « Space-based, but not arm-based, shift in tactile processing in complex regional pain syndrome and its relationship to cooling of the affected limb », *Brain: A Journal of Neurology*, 132, p. 3142-3151.

CHAPITRE 5

Les noms des odeurs

1. Yeshurun Y., Sobel N. (2010), « An odor is not worth a thousand words : From multidimensional odors to unidimensional odor objects », *Annual Review of Psychology*, 61, p. 219-241, C211-215.
2. Lord T., Kasprzak M. (1989), « Identification of self through olfaction », *Percept. Mot. Skills*, 69, p. 219-224.
3. Wells D. L., Hepper P. G. (2000), « The discrimination of dog odours by humans », *Perception*, 29, p. 111-115.
4. Porter R. H., Cernoch J. M., McLaughlin F. J. (1983), « Maternal recognition of neonates through olfactory cues », *Physiol. Behav.*, 30, p. 151-154.
5. Cain W. S., de Wijk R., Lulejian C., Schiet F., See L.-C. (1998), « Odor identification : Perceptual and semantic dimensions », *Chemical Senses*, 23, p. 309-326.
6. Spence C., Levitan C. A., Shankar M. U., Zampini M. (2010), « Does food color influence taste and flavor perception in humans ? », *Chemosensory Perception*, 3, p. 68-84.
7. Delon-Martin C., Plailly J., Fonlupt P., Veyrac A., Royet J. P. (2013), « Perfumers' expertise induces structural reorganization in olfactory brain regions », *NeuroImage*, 68, p. 55-62.
8. Seubert J., Freiherr J., Frasnelli J., Hummel T., Lundstrom J. N. (2013), « Orbitofrontal cortex and olfactory bulb volume predict distinct aspects of olfactory performance in healthy subjects », *Cereb. Cortex*, 23, p. 2448-2456.

CHAPITRE 6

Une langue, ou un couteau suisse ?

1. Chaudhari N., Roper S. D. (2010), « The cell biology of taste », *J. Cell. Biol.*, 190, p. 285-296.

TROISIÈME PARTIE

Le retour de la bosse des maths

CHAPITRE 1

Sans famille ou la vie de Jacques Inaudi

1. Nicolas S., Guida A., Levine Z. (2014), « Broca and Charcot's research on Jacques Inaudi : The psychological and anthropological study of a mental calculator », *J. Hist. Neurosci.*, 23, p. 140-159.
2. D'autres cas de calculateurs prodiges, bien différents de celui de Jacques Inaudi, sont décrits dans *Pourquoi les filles sont si bonnes en maths*, Odile Jacob, 2012.

CHAPITRE 2

La bosse des maths n'existe pas, mais où est-elle ?

1. Halberda J., Mazzocco M. M., Feigenson L. (2008), « Individual differences in non-verbal number acuity correlate with maths achievement », *Nature*, 455, p. 665-668.
2. Harvey B. M., Klein B. P., Petridou N., Dumoulin S. O. (2013), « Topographic representation of numerosity in the human parietal cortex », *Science*, 341, p. 1123-1126.
3. Dehaene S., *La Bosse des maths*, Odile Jacob, 1997 ; nouvelle édition, 2010.

CHAPITRE 3

Monsieur N., l'approximateur

1. Dehaene S., Cohen L. (1991), « Two mental calculation systems : A case study of severe acalculia with preserved approximation », *Neuropsychologia*, 29, p. 1045-1074.
2. Les capacités de calcul des bébés sont présentées plus en détail dans *Pourquoi les filles sont si bonnes en maths* et *Pourquoi les chimpanzés ne parlent pas*, *op. cit.*

CHAPITRE 4

Êtes-vous doué pour les maths ?

1. Supekar K., Swigart A. G., Tenison C., Jolles D. D., Rosenberg-Lee M., Fuchs L., Menon V. (2013), « Neural predictors of individual differences in response to math tutoring in primary-grade school children », *Proceedings of the National Academy of Sciences of the United States of America*, 110, p. 8230-8235.

CHAPITRE 5

La terrible phobie des maths

1. Maloney E. A., Beilock S. L. (2012), « Math anxiety : Who has it, why it develops, and how to guard against it », *Trends in Cognitive Sciences*, 16, p. 404-406.
2. Young C. B., Wu S. S., Menon V. (2012), « The neurodevelopmental basis of math anxiety », *Psychological Science*, 23, p. 492-501.
3. Lyons I. M., Beilock S. L. (2012), « Mathematics anxiety : Separating the math from the anxiety », *Cereb. Cortex*, 22, p. 2102-2110.
4. Ramirez G., Beilock S. L. (2011), « Writing about testing worries boosts exam performance in the classroom », *Science*, 331, p. 211-213.

QUATRIÈME PARTIE

Apprentissage et mémoire

CHAPITRE 1

Comment apprendre ses leçons ?

1. Bahrick H. P., Bahrick L. E., Bahrick A. S., Bahrick P. E. (1993), « Maintenance of foreign language vocabulary and the spacing effect », *Psychological Science*, 4, p. 316-321.
2. Carpenter S. K., Cepeda N. J., Rohrer D., Kang S. H., Pashler H. (2012), « Using spacing to enhance diverse forms of learning : Review of recent research and implications for instruction », *Educational Psychology Review*, 24, p. 369-378.
3. Cepeda N. J., Vul E., Rohrer D., Wixted J. T., Pashler H. (2008), « Spacing effects in learning a temporal ridgeline of optimal retention », *Psychological Science*, 19, p. 1095-1102.
4. Taylor K., Rohrer D. (2010), « The effects of interleaved practice », *Applied Cognitive Psychology*, 24, p. 837-848.
5. Roediger H. L., Karpicke J. D. (2006), « Test-enhanced learning : Taking memory tests improves long-term retention », *Psychological Science*, 17, p. 249-255.

CHAPITRE 2

Bonne nuit, les petits

1. Ngo H. V., Martinetz T., Born J., Molle M. (2013), « Auditory closed-loop stimulation of the sleep slow oscillation enhances memory », *Neuron*, 78, p. 545-553.

CHAPITRE 3

Un souvenir de rêve

1. Nir Y., Tononi G. (2010), « Dreaming and the brain : From phenomenology to neurophysiology », *Trends in Cognitive Sciences*, 14, p. 88-100.
2. Eichenlaub J. B., Bertrand O., Morlet D., Ruby P. (2014), « Brain reactivity differentiates subjects with high and low dream recall frequencies during both sleep and wakefulness », *Cereb. Cortex*, 24, p. 1206-1215.

CHAPITRE 4

Apprendre à lire, c'est le B.A.-BA

1. Dehaene-Lambertz G., Hertz-Pannier L., Dubois J., Meriaux S., Roche A., Sigman M., Dehaene S. (2006), « Functional organization of perisylvian activation during presentation of sentences in preverbal infants », *Proc. Natl Acad. Sci. USA*, 103, p. 14240-14245.
2. Lukatela K., Carello C., Shankweiler D., Liberman I. Y. (1995), « Phonological awareness in illterates : Observations from Serbo-Croatian », *Applied Psycholinguistics*, 16, p. 463-488.
3. Ben-Shachar M., Dougherty R. F., Deutsch G. K., Wandell B. A. (2011), « The development of cortical sensitivity to visual word forms », *J. Cogn. Neurosci.*, 23, p. 2387-2399.
4. Nakamura K., Kuo W. J., Pegado F., Cohen L., Tzeng O. J., Dehaene S. (2012), « Universal brain systems for recognizing word shapes and handwriting gestures during reading », *Proc. Natl Acad. Sci. USA*, 109 (50), p. 20762-20767.
5. Dehaene S. (dir.), *Apprendre à lire*, Odile Jacob, 2011.

CHAPITRE 5

Une tranche de sOSsIçOn, ou les pannes de l'écriture

1. Rapp B., Purcell J., Hillis A. E., Capasso R., Miceli G. (2016), « Neural bases of orthographic long-term memory and working memory in dysgraphia », *Brain: A Journal of Neurology*, 139, p. 588-604.

2. Cook F. A., Makin S. D., Wardlaw J., Dennis M. S. (2013), « Dystypia in acute stroke not attributable to aphasia or neglect », *B. M. J. Case Rep.*, 2013.
3. Forbes K. E., Venneri A. (2003), « A case for case: Handling letter case selection in written spelling », *Neuropsychologia*, 41, p. 16-24.

CHAPITRE 6

Les taxis de Londres

1. Maguire E. A., Gadian D. G., Johnsrude I. S., Good C. D., Ashburner J., Frackowiak R. S., Frith C. D. (2000), « Navigation-related structural change in the hippocampi of taxi drivers », *Proc. Natl Acad. Sci. USA*, 97, p. 4398-4403.
2. Woollett K., Maguire E. A. (2011), « Acquiring "the Knowledge" of London's layout drives structural brain changes », *Current Biology*, CB 21, p. 2109-2114.
3. Maguire E. A., Nannery R., Spiers H. J. (2006), « Navigation around London by a taxi driver with bilateral hippocampal lesions », *Brain: A Journal of Neurology*, 129, p. 2894-2907.

CHAPITRE 7

Les bienfaits de la bombe atomique

1. Voir le chapitre « Nouveaux neurones, nouvelle mémoire ? », *in* Cohen L., *Pourquoi les filles sont si bonnes en maths*, *op. cit.*, p. 52-58.
2. Spalding K. L., Bergmann O., Alkass K., Bernard S., Salehpour M., Huttner H. B., Bostrom E., Westerlund I., Vial C., Buchholz B. A. *et al.* (2013), « Dynamics of hippocampal neurogenesis in adult humans », *Cell*, 153, p. 1219-1227.

CHAPITRE 8

Plus besoin de ma tête, j'ai Internet !

1. Carr N., *Internet rend-il bête ?*, Robert Laffont, 2011.
2. Sparrow B., Liu J., Wegner D. M. (2011), « Google effects on memory : Cognitive consequences of having information at our fingertips », *Science*, 333, p. 776-778.

CINQUIÈME PARTIE

Pourquoi faire quelque chose, plutôt que rien ?

CHAPITRE 1

Travailler, c'est trop dur : les neurosciences de la paresse

1. Levy R. (2012), « Apathy : A pathology of goal-directed behaviour. A new concept of the clinic and pathophysiology of apathy », *Rev. Neurol.*, 168, p. 585-597.
2. Grimmer T., Diehl J., Drzezga A., Forstl H., Kurz A. (2004), « Region-specific decline of cerebral glucose metabolism in patients with frontotemporal dementia : A prospective 18F-FDG-PET study », *Dementia and Geriatric Cognitive Disorders*, 18, p. 32-36.
3. Clery-Melin M. L., Schmidt L., Lafargue G., Baup N., Fossati P., Pessiglione M. (2011), « Why don't you try harder ? An investigation of effort production in major depression », *PloS One 6*, e23178.
4. Schlaepfer T. E., Cohen M. X., Frick C., Kosel M., Brodesser D., Axmacher N., Joe A. Y., Kreft M., Lenartz D., Sturm V. (2008), « Deep brain stimulation to reward circuitry alleviates anhedonia in refractory major depression », *Neuropsychopharmacology*, 33, p. 368-377.
5. Laplane D., Dubois B. (2001), « Auto-activation deficit : A basal ganglia related syndrome », *Mov. Disord.*, 16, p. 810-814.
6. Bonnelle V., Manohar S., Behrens T., Husain M. (2016), « Individual differences in premotor brain systems underlie behavioral apathy », *Cereb. Cortex*, 26, p. 807-819.

CHAPITRE 2

La mémoire du futur

1. Lebreton M., Bertoux M., Boutet C., Lehericy S., Dubois B., Fossati P., Pessiglione M. (2013), « A critical role for the hippocampus in the valuation of imagined outcomes », *PLOS Biology*, 11, e1001684.
2. Story G. W., Vlaev I., Seymour B., Darzi A., Dolan R. J. (2014), « Does temporal discounting explain unhealthy behavior ? A systematic review and reinforcement learning perspective », *Front. Behav. Neurosci.*, 8, p. 76.

CHAPITRE 3

La vie en rose ou l'optimisme des neurones

1. Klein W. M. P., Stefanek M. E. (2007), « Cancer risk elicitation and communication: Lessons from the psychology of risk perception », *CA : A Cancer Journal for Clinicians*, 57, p. 147-167.
2. Sharot T., Korn C. W., Dolan R. J. (2011), « How unrealistic optimism is maintained in the face of reality », *Nat. Neurosci.*, 14, p. 1475-1479.
3. Sharot T., Kanai R., Marston D., Korn C. W., Rees G., Dolan R. J. (2012), « Selectively altering belief formation in the human brain », *Proc. Natl Acad. Sci. USA*, 109, p. 17058-17062.
4. Marshall M., Brown J. (2006), « Emotional reactions to achievement outcomes : Is it really best to expect the worst ? », *Cognition & Emotion*, 20, p. 43-63.

CHAPITRE 4

Je fais toute confiance à mon banquier ! Quoique…

1. Cohn A., Fehr E., Marechal M. A. (2014), « Business culture and dishonesty in the banking industry », *Nature*, 516, p. 86-89.
2. Akerlof G. A., Kranton R. E., *Identity Economics : How Our Identities Shape Our Work, Wages, and Well-Being*, Princeton University Press, 2010.

CHAPITRE 5

Le syndrome d'Ondine ou comment oublier de respirer

1. Trang H. (2006), « Le syndrome d'Ondine », *Encyclopédie Orphanet*, http://ww.orpha.net/data/patho/FR/fr-Ondine.pdf.
2. Sharman M., Gallea C., Lehongre K., Galanaud D., Nicolas N., Similowski T., Cohen L., Straus C., Naccache L. (2014), « The cerebral cost of breathing : An fMRI case-study in congenital central hypoventilation syndrome », *PloS One*, 9, e107850.

SIXIÈME PARTIE

La boutique du neurologue

CHAPITRE 2

Jeux de mains, jeux de vilains

1. © http://www.santannapisa.it/en/institute/biorobotics/artificial-hands-area.

CHAPITRE 3

Que ta main gauche ignore ce que fait ta main droite

1. Franz E. A., Eliassen J. C., Ivry R. B., Gazzaniga M. S. (1996), « Dissociation of spatial and temporal coupling in the bimanual movements of callosotomy patients », *Psychological Science*, 7, p. 306-310.
2. Franz E. A., Ramachandran V. (1998), « Bimanual coupling in amputees with phantom limbs », *Nat. Neurosci.*, 1, p. 443-444.

CHAPITRE 4

Docteur, je perds la mémoire. Depuis quand ? Depuis quand quoi ?

1. Babinski J., « Contribution à l'étude de troubles mentaux dans l'hémiplégie organique cérébrale », *Revue neurol.*, 1914, 27, p. 845-847.
2. Orfei M. D., Robinson R. G., Prigatano G. P., Starkstein S., Rusch N., Bria P., Caltagirone C., Spalletta G. (2007), « Anosognosia for hemiplegia after stroke is a multifaceted phenomenon: a systematic review of the literature », *Brain: A Journal of Neurology*, 130, p. 3075-3090.
3. Kondziella D., Frahm-Falkenberg S. (2011), « Anton's syndrome and eugenics », *J. Clin. Neurol.*, 7, p. 96-98.

Table

DEUXIÈME PARTIE

Entendre, toucher, sentir, goûter

TROISIÈME PARTIE

Le retour de la bosse des maths

QUATRIÈME PARTIE

Apprentissage et mémoire

CINQUIÈME PARTIE

Pourquoi faire quelque chose, plutôt que rien ?

SIXIÈME PARTIE

La boutique du neurologue

DU MÊME AUTEUR
CHEZ ODILE JACOB

L'Homme Thermomètre. Le cerveau en pièces détachées, 2004.

Pourquoi les chimpanzés ne parlent pas. Et 30 autres questions sur le cerveau de l'homme, 2009.

Pourquoi les filles sont si bonnes en maths. Et 40 autres histoires sur le cerveau de l'homme, 2012.

Cet ouvrage a été composé
en Adobe Garamond Pro
par Nord Compo
à Villeneuve-d'Ascq (Nord).

Achevé d'imprimer en août 2017
par Corlet Imprimeur
14110 Condé-sur-Noireau
N° d'édition : 7381-3614-X — N° d'impression : 191241
Dépôt légal : septembre 2017

Imprimé en France